KB251256

꾸준함의 힘

꾸준함의 힘

Discover
継続する技術
戸田 大介 著
株式会社 ディスカヴァー・トゥエンティワン 刊
2024

KEIZOKU SURU GIJUTU
by Daisuke Toda
Original Japanese edition published by Discover 21, Inc., Tokyo.

꾸준함의 힘

옮긴이 | 황세정

이화여자대학교 식품영양학과를 졸업했으며, 동 대학 통역번역대학원 일본어 번역과 석사를 취득했다. 취미 삼아 시작한 일본어에 푹 빠져 번역가의 길을 선택했다. 번역서 같지 않다는 말을 최고의 칭찬으로 여기며 오늘도 자연스러운 문장을 만들기 위해 힘쓰고 있다. 현재 엔터스코리아 출판 기획 및 일본어 전문 번역가로 활동 중이다. 주요 역서로 《만화로 읽는 아들러 심리학》 시리즈 전 3권, 《아침에 쓰는 미래 일기》, 《사소하지만 굉장한 어른의 뇌 사용법》, 《자살수첩》 등이 있다.

꾸준함의 힘

1판 1쇄 인쇄   2026년 4월 15일
1판 1쇄 발행   2026년 4월 27일

지은이 | 도다 다이스케
옮긴이 | 황세정
발행인 | 홍영태
편집인 | 김미란
발행처 | (주)비즈니스북스
등 록 | 제2000-000225호(2000년 2월 28일)
주 소 | 03991 서울시 마포구 월드컵북로6길 3 이노베이스빌딩 7층
전 화 | (02)338-9449
팩 스 | (02)338-6543
대표메일 | bb@businessbooks.co.kr
홈페이지 | http://www.businessbooks.co.kr
블로그 | http://blog.naver.com/biz_books
페이스북 | thebizbooks
인스타그램 | bizbooks_kr
ISBN 979-11-6254-471-6   03190

속물 같은 인간도 때로는
삶의 비밀을 깨달을 때가 있다.

현명한 사람이 성공하는 원리

내가 습관에 대해 생각하게 된 계기는 현명한 사람이 성공하는 원리를 깨닫고 나서부터다.

현명한 사람은 늘 묵묵히 내디디는 한 발짝을 중시한다.

위대한 업적을 이루어 내는 지혜롭고 훌륭한 사람들은 하나같이 이렇게 말한다.

"묵묵히 꾸준히 하는 것이 무엇보다 중요하다."

나도 그런 말을 여러 번 들어봤다.

하지만 솔직히 그런 말을 들을 때마다 나는 속으로 이렇게 생각했다.

'아니, 그보다 더 빠른 지름길이나 비법을 알고 싶다고.'

나처럼 우둔한 사람은 그렇게 묵묵히 내디디는 한 발짝을 늘 우습게 여긴다. 현명한 사람들이 강조하는 그 '꾸준함'의 가치를 제대로 이해하지 못한 채, 그런 노력은 어떻게든 피하려 한다. 그러면서도 무언가 원하는 것이 생기면 으레 이런 생각을 한다.

'힘들게 노력하지 않고도 내가 원하는 바를 확실하게 이룰 방법이 없을까?'

그런 편한 방법이 있을 리가 없다고 생각했다. 세상에 공짜 점심은 없다는 말도 있지 않은가.

그런데 놀랍게도, 있었다.

'힘들게 노력하지 않고도 내가 원하는 바를 확실하게 이룰 방법'이 말이다.

정확히 말하면 그것은 '노력을 하지 않는' 방법이 아니라 '노력이 노력처럼 느껴지지 않게 만드는' 방법이었다.

왜 어떤 사람은 '노력 없이도' 계속할 수 있을까

내 친구 중에 기타를 잘 치는 녀석이 있었다. 처음에는 '대단한 열정이네' 싶었다. 하지만 그게 한 달, 두 달, 1년이 넘어가도 계속되는 걸 보니 신기하기까지 했다.

어느 날 평소처럼 연습을 반복하던 그 친구에게 물었다.

"그렇게 매일 연습하면 지겹지 않아?"

솔직히 나는 그 친구가 "가끔은 지겹지. 그래도 참고 하는 거야."라거나 "목표가 있으니까 어쩔 수 없지."라고 대답할 줄 알았다. 그러나 그 친구는 별것 아니라는 듯이 중얼거렸다.

"아니, 매일 치다 보니까 이제는 치지 않으면 오히려 불안해."

그 말을 듣는 순간, 나는 그동안 내가 무언가 크게 오해했다는 사실을 깨달았다.

그 친구에게 '기타 연습을 하는' 행위는 내가 생각하는 것처럼 참고 견뎌야 하는 '힘든 노력'이 아니었다.

똑같은 행위일지라도 그 친구는 나와 전혀 다르게 받아들이고 있던 것이다.

그에게 기타 연습은 '해야 하는 일'이 아니라 '하지 않으면 이상한 일'이었다.

'참고 견뎌야 하는 고통'이 아니라 '하지 않으면 오히려 불편한 일상의 한 부분'이었다.

그러한 인식의 차이를 만든 것은 다름 아닌 '습관'이었다.

인생을 바꾸는 건 '의지'가 아니라 '꾸준함'

생각해 보면 내게도 습관이란 것이 있었다.

당시 나는 대학교 근처 편의점에서 39엔짜리 싸구려 아이스크림을 매일같이 사 먹었다.

그것은 내게 너무나 자연스러운 일과였다. '오늘은 먹을까 말까' 고민하지도 않았다. 그냥 몸이 자동으로 편의점 문을 밀고 들어갔고, 발은 저절로 냉동고 앞으로 향했다.

이유는 간단했다. 그것이 나의 '습관'이었기 때문이다.

내 습관은 '싸구려 아이스크림을 먹는 것'이었고, 앞서 말한 그 친구의 습관은 '기타를 치는 것'이었다.

날이면 날마다 우리 두 사람의 습관은 계속 이어졌다.

날이면 날마다 나는 싸구려 아이스크림을 먹으며 생활습관병에 걸릴 위험을 높여갔고, 내 친구는 기타를 치며 연주 실력을 키워 나갔다.

그 모습을 곁에서 지켜본 제삼자의 눈에 나는 '스스로를 망치는 어리석은 사람'으로, 그 친구는 '꾸준히 노력하는 현명한 사람'으로 보였을 것이다.

하지만 사실 그 친구는 하기 싫은 것을 억지로 참아 가며 힘들게 노력하지 않았다.

그 친구가 한 일이라고는 나와 마찬가지로 '평소와 다름없는 하루'를 반복했을 뿐이다.

바로 그 점에 비밀이 숨어 있다.

사람은 누구나 습관대로 행동한다.

그러나 현명한 사람은 이런 습관을 아무 생각 없이 그저 흘러가는 대로 사는 우리와는 다르게 받아들인다.

현명한 사람들은 바람직한 습관을 의도적으로 길러 낸다. 그리고 그 습관을 통해 끊임없이 더 긍정적인 방향으로 나아간다.

그것도 거의 자동적으로.

'이게 바로 현명한 사람들이 성공하는 원리였구나!'

인생의 비법을 깨달은 나는 언제 올지도 모를 밝은 미래를 미리 상상하며 그날도 여전히 싸구려 아이스크림을 먹었다.

물론 그때는 몰랐다. 깨달음만으로는 아무것도 변하지 않는다는 사실을. 습관의 원리를 이해하는 것과 실제로 좋은 습관을 만드는 것은 전혀 다른 문제라는 사실을.

당신의 습관 성공률을 8.23배 높이는 법

작심삼일이던 내가 '꾸준함을 설계'하게 된 이유

어느 날부터 나는 습관 강화 애플리케이션을 만들기 시작했다. '뭐든지 작심삼일인 나조차도 꾸준히 할 수 있게 돕는 앱을 만들자!'

나는 그렇게 한껏 의욕에 부풀었다. 습관의 원리를 깨달았으니 이제 그것을 활용한 앱을 만들면 될 것 같았다. 사람들이 좋은 습관을 쉽게 만들 수 있도록 돕는 앱. 생각만 해도 멋진 프로젝트였다.

하지만 그동안 별생각 없이 아이스크림이나 먹으며 살아오던 인간이 갑자기 남들에게 도움이 될 만한 무언가를 뚝딱 만들어 낼 리 없었다.

당연히 앱 개발은 실패의 연속이었다.

앱을 공개한 후에도 한동안은 전혀 좋은 반응을 얻지 못했다.

그래도 습관 앱을 개발하는 과정 자체는 매우 흥미로웠다. 왜 사람들이 포기하는지, 어떤 순간에 동기를 잃는지, 어떤 조건에서 계속하게 되는지. 이런 것들을 연구하는 일은 마치 퍼즐을 맞추는 것 같았다.

좌절을 경험한 사람들 이야기를 자세히 듣고 그들의 행동 데이터를 분석했다. 몇 시에 가장 많이 포기하는지, 어떤 요일에 빠뜨리는 경우가 많은지, 어떤 목표가 지속률이 높은지.

그렇게 작심삼일의 성질을 하나씩 이해해 나갈수록 애플리케이션 유지율이 증가했다.

'아, 사람들은 목표가 크면 부담을 느끼는구나.'

'알림을 너무 자주 보내면 오히려 역효과가 나는구나.'

'하루 빠뜨리게 되면 그에 대한 죄책감이 오히려 포기를 부추기는구나.'

이런 발견들을 하나씩 앱에 반영했다. 목표를 작게 시작하도록 유도하는 기능, 적절한 타이밍에만 알림을 보내는 기능, 하루 빠뜨려도 계속할 수 있게 격려하는 기능.

조금씩, 천천히, 앱은 나아지기 시작했다.

'실제로 꾸준히 할 수 있게 되었다'라는 사용자 의견도 점차 늘어났다.

그러다 보니 개인적인 취미로 시작했던 앱이 많은 관심을 받았고, 이제는 감사하게도 일본에서 가장 많이 쓰이는 습관 앱이 되었다.

그 과정에서 인간 심리에 대해 많이 배우게 되었다. 그리고 한 가지 중요한 사실을 깨달았다.

습관화에 성공하는 사람과 실패하는 사람의 차이는 의지력이나 성실함이 아니었다.

그것은 방법을 아느냐 모르느냐의 차이였다. 올바른 원칙을 따르느냐 아니냐의 차이였다.

왜 수많은 습관화 방법은 효과가 없을까

요즘 시대에는 책이나 인터넷을 통해 다음과 같은 '습관화 방법'을 얼마든지 알아낼 수 있다.

무수히 많은 '습관화 방법'

· 노력한 후에는 보상을 주어야 한다.

· 주위에 자신의 결심을 알린다.

· 목표를 수치화하면 좋다.

· 함께할 동료가 있으면 지속하기 쉽다.

· 자신의 행동을 소셜 미디어에 올려 공유하면 할 일을 미루는 경우가

　줄어든다.

· 습관화에 성공한 모습을 상상하면 좋다.

· If-then 플래닝(A를 하면 B를 한다는 식으로 행동에 규칙을 설정하는 습관화

　방법—옮긴이)

· 해야 할 이유를 적어 본다.

· 벌칙을 정해 둔다.

물론 이러한 방법은 모두 어느 정도 의미가 있다.

실제로 연구 결과나 성공 사례를 바탕으로 한 것들이다.

하지만 예전의 나는 중요한 사실 두 가지를 간과했다.

사실 1. 인간이 흡수할 수 있는 지식의 양에는 한계가 있다

지식의 흡수와 관련해 다음과 같은 사실이 있다.

· 인간은 자신이 얻은 지식을 대부분 잊어버린다.*

· 설령 기억하더라도 바쁜 현대인이 실제로 실행에 옮길 수 있는 지식

  은 한정되어 있다.

· 실행하지 않은 지식은 (당연히) 성과를 거두지 못한다.

정신과 의사인 가바사와 시온에 따르면 사람은 1주일 만에 자신이 습득한 지식의 97퍼센트를 잊는다고 한다. 물론 이 수치는 사람이나 상황에 따라 차이가 날 수 있지만 그래도 역시 대부분 잊는다고 봐도 무방하다.

생각해 보라. 1주일 전에 읽은 책의 내용을 지금 얼마나 기억하는가? 한 달 전에 들은 강연의 내용은? 아마 핵심적인 몇 가지 외에는 기억나지 않을 것이다.

---

*   가바사와 시온,《아웃풋 트레이닝》, 전경아 옮김, 토마토출판, 2019

설령 기억하더라도 바쁜 현대인이 실제로 실행에 옮길 수 있는 지식은 한정되어 있다.

아침에 일어나서 출근 준비를 하고, 하루 종일 일하고, 저녁에 집에 돌아와 식사하고 씻고 잠들기까지. 우리에게 주어진 시간과 에너지는 한정되어 있다.

열 가지 방법을 알고 있다고 해서 그 열 가지를 모두 실행할 수는 없다. 기껏해야 한두 가지를 시도해 보는 정도다.

실행하지 않은 지식은 당연히 성과를 거두지 못한다.

아무리 좋은 방법을 알고 있어도, 실행하지 않으면 의미가 없다. 마치 다이어트 방법을 백 가지 알고 있어도 실제로 실천하지 않으면 살이 빠지지 않는 것과 같다.

즉 '습관화 방법'과 관련된 방대한 지식을 단번에 습득하더라도 실제로 생활에 변화를 불러올 만한 지식은 극히 일부에 불과하다.

사실 2. 모든 지식이 중요하지는 않다

또 수많은 지식 중에는 '이것만은 꼭 하는 게 좋다'라고 할 만큼 매우 중요한 지식이 있는가 하면 반대로 '하지 않는 것보다는 나은' 정도로 중요도가 떨어지는 지식도 있다.

습관화도 마찬가지다. 어떤 원칙은 지키면 성공률이 몇 배씩 올라가지만, 어떤 방법은 있으면 조금 도움이 되는 정도다.

그런데 문제는 우리가 그 가운데 어떤 지식이 더 중요한지 대부분 알지 못한다는 것이다.

그렇기에 어쩌다 실천한 지식이 그다지 중요하지 않았다면 그것이 성과로 이어질 가능성은 그리 크지 않다.

이러한 사실을 인식하지 못했던 당시의 나는 다음과 같이 행동했다.

1. 책을 읽고 '좋은 방법을 많이 알아냈어! 난 이제 천하무적이야'라고 만족했다.
2. 어렴풋이 기억나는 몇 가지 방법을 어중간하게 실천했다.
3. 하지만 중요한 핵심을 파악하지 못했기 때문에 성과로는 이어지지 않았다.

이 책을 읽는 분들이 나처럼 실패하지 않도록 이 책에서는 성과(지속 성공률)에 큰 영향을 끼치는 내용만을 다루려고 한다.

수백 가지 방법을 3원칙으로 압축하다

이러한 방침을 바탕으로 그동안 앱을 운영하며 배운 다양한 지식을 정리했다.

먼저 사용자들의 피드백, 행동 데이터, 성공 사례, 실패 사례. 수년간 쌓인 방대한 정보를 앞에 놓고 분석하기 시작했다.

다음은 중요도 순으로 나열했다. '이것을 지키면 성공률이 몇 배 올라가는가?'를 기준으로 순위를 매겼다.

그리고 이를 비슷한 내용끼리 묶었다. 그런 다음 '이건 결국 같은 얘기네' 하며 통합했다.

그러다 보니 신기한 일이 일어났다. 전혀 무관해 보였던 온갖 단편적인 지식이 몇 가지 큰 원칙으로 집약되기 시작한 것이다.

수십 가지로 보였던 방법들이, 수백 가지로 보였던 조언들이, 결국 세 가지 핵심 원칙으로 압축되었다.

원칙 1

목표를 크게 낮춘다.

원칙 2

움직일 수 있을 때 떠올린다.

원칙 3

예외를 두지 않는다.

이 세 가지 원칙을 보고 이렇게 생각하는 사람도 있을 것이다.

'뭔가 평범한데. 이런 게 정말 효과가 있을까?'

나도 처음에는 그렇게 생각했다. 이렇게 단순한 원칙이 효과가 있을까? 좀 더 복잡하고 정교한 방법이 필요한 건 아닐까?

하지만 데이터는 거짓말을 하지 않았다.

성공률 8.23배의 비밀

원칙이 실제로 어떤 효과를 발휘하는지 확인하기 위해 습관 강화 앱의 데이터를 집계해 보았다.

먼저 사용자를 두 그룹으로 나눴다. 세 가지 원칙을 모두 지킨 사람과 그렇지 않은 사람.

그리고 그들의 '30일간 지속 성공률'을 비교했다. 근력 운동, 공부, 독서, 러닝 등 다양한 목표에 대해 30일간 얼마나 꾸준히 실천했는지를 추적했다.

결과는 놀라웠다.

근력 운동이나 공부 등의 '30일간 지속 성공률'의 경우, '원칙을 지킨 사람'이 그렇지 않은 사람보다 최소 8.23배가 높았다. (표

본 수: 57,059명, 집계 기간: 2021년 1월 1일~2022년 12월 31일)

성공률이 약 여덟 배나 높아진다는 것이 무슨 뜻인지 다시 자세히 살펴보자.

어떤 남성이 '1월에는 근력 운동', '2월에는 독서'처럼 매달 새로운 목표에 도전했다고 해보자.

하지만 앞서 말한 원칙을 지키지 않은 그 남성은 늘 중간에 포기해 버리고 말아 결국 1년 동안 단 한 번밖에 목표를 완수하지 못했다(실제로도 사람들은 대부분 이 정도 수준에서 포기한다).

그런 그가 세 가지 원칙을 배우고 나서 지속 성공률이 여덟 배나 높아졌다. 그 결과 이듬해에는 1년 동안 여덟 개의 목표를 끝까지 완수할 수 있었다.

이처럼 성공률이 여덟 배 증가하면 우리는 여덟 배 더 많은 성공을 경험하게 된다.

1년에 한 번 성공하던 사람이 여덟 번 성공한다.

10년 동안 열 번 성공하던 사람이 여든 번 성공한다.

그 차이는 시간이 지날수록 점점 더 벌어진다.

10년 후, 20년 후를 생각해 보라. 한 사람은 수많은 습관을 만들어 내며 성장하고, 다른 한 사람은 여전히 '이번에는 다를 거야'라며 같은 자리에 머물러 있을 것이다.

	목표	원칙을 지킨 사람	원칙을 지키지 않은 사람
1월	근력 운동	○	×
2월	독서	○	×
3월	기타	○	×
4월	헬스장 가기	×	×
5월	집 정리	○	×
6월	러닝	×	×
7월	그림 그리기	○	×
8월	요가	○	×
9월	스트레칭	○	○
10월	단기 단식	×	×
11월	명상	○	×
12월	산책	×	×
성공한 목표의 수		8개	1개

'어째서 이렇게 큰 차이가 발생할까?'

'구체적으로 어떻게 해야 할까?'

그 답을 객관적인 사실을 바탕으로 제시해서 이 책을 읽는 독자들이 '향후 노력의 결실을 거둘 가능성'을 최대한 높이는 것.

그것이 이 책의 목표다.

이 책에서는 막연한 조언이나 추상적인 격려 대신 구체적인 수치와 데이터를 제시한다.

이 책에서 다룰 '객관적 사실'의 예

· 5분 만에 할 수 있는 목표를 세우면 성공률이 3.13배 올라간다.

· 적절한 알림 기능을 이용하면 성공률이 4.47배 높아진다.

· 하루라도 빠뜨리면 그날을 계기로 두 번 다시 하지 않게 되는 사람이
  69.1퍼센트나 된다.

5분 만에 할 수 있는 간단한 목표를 세우면 성공률이 3.13배 올라간다.

많은 사람이 '매일 1시간씩 운동하기'처럼 큰 목표를 세운다. 하지만 데이터에 따르면 '매일 5분씩 운동하기'로 시작한 사람들의 성공률이 훨씬 높았다.

왜 그럴까? 이에 대해서는 앞으로 소개할 원칙 1에서 자세히 설명하겠다.

적절한 알림 기능을 이용하면 성공률이 4.47배 높아진다.

'적절한' 알림이란 무엇일까? 단순히 '운동하세요'라는 알림을 보내는 것으로는 부족하다. 언제, 어떻게, 어떤 내용으로 알림을 보내느냐에 따라 효과가 천차만별이다.

원칙 2에서 그 비밀을 밝힌다.

하루라도 빠뜨리면 그날을 계기로 두 번 다시 하지 않게 되는 사람이 69.1퍼센트나 된다.

대부분의 사람들은 하루 빠뜨린 것을 대수롭지 않게 여긴다. '하루쯤이야, 내일 다시 하면 되지'라고 생각한다.

하지만 데이터는 다른 이야기를 한다. 한 번 빠뜨린 사람의 69.1퍼센트는 그날 이후로 다시는 그 습관을 실천하지 않는다.

원칙 3에서 이 문제를 어떻게 해결할 수 있는지 알려준다.

인간은 이론만으로는 움직이지 않는다

하지만 이렇게 이론을 제시해 봤자 사람들은 뭐든지 인공지능처럼 순순히 받아들이지 않는다.

‘흠, 과연 그럴까?’ ‘에이, 그렇게까지 하기는 힘들지.’

이런 생각을 한다. 사람이니까.

그래서 이 책은 그런 인간적인 청년 다카하시가 주인공으로 등장하는 이야기를 통해 ‘습관을 유지하는 세 가지 원칙’을 정리해 보았다.

다카하시는 우리와 똑같은 평범한 사람이다. 의지가 약하고, 쉽게 포기하고, 변명을 잘한다. 그런 그가 우연히 습관 박사를 만나 이 세 가지 원칙을 배우게 되는데, 툭하면 ‘아니, 그건…’이라는 식으로 말꼬리를 물고 늘어진다. 그러다가 박사가 이런저런 논거를 제시하면 그제야 조금씩 수긍해 나간다.

이야기는 원칙을 중심으로 ‘사실’→‘실천 전략’→‘고민’을 제시하는 방식으로 구성된다.

먼저 ‘사실’을 제시한다. 데이터와 연구 결과, 객관적인 정보를 보여준다.

그다음 ‘실천 전략’을 알려준다. 그 사실을 바탕으로 구체적으로 무엇을 어떻게 해야 하는지 설명한다.

마지막으로 ‘고민’ 부분에서는 실제 상황에서 부딪히는 문제들을 다룬다. “이론은 알겠는데 실천이 어려워요.”, “이런 경우에는 어떻게 하죠?” 같은 현실적인 고민들에 답한다.

이 글이 그저 탁상공론에 불과한 이론이 아니라, 온갖 상황에서도 바쁘게 살아가는 현대인에게 실제로 실천 가능한 현실적인 지혜가 되길 바라는 마음으로 이러한 구성을 택했다.

이 책을 읽는 독자들이 자신이 원하는 습관을 몇 년 후까지 계속 유지하다가 언젠가 문득 ‘그때 그 책을 읽어서 참 다행이야’라고 생각하는 순간이 온다면 참으로 기쁠 것이다.

그리고 당신이 원하는 모습으로 변해 가는 그 여정이 자연스럽고 편안하기를, 힘들게 이를 악물고 참는 것이 아니라 그저 평소와 다름없는 하루를 반복하는 것만으로 당신이 원하는 사람이 되어 있기를 바랄 뿐이다.

차 례

원칙1 목표를 크게 낮춘다

사실1 습관화는 보통 실패하기 마련이다　45

러닝에 도전하는 사람 대다수가 한 달 안에 포기하는 이유
근력 운동이나 공부도 80퍼센트는 포기한다
'예전에는 했는데'라는 착각의 정체

사실2 목표를 낮추면 성공률이 3배 오른다　53

작심삼일에 대한 대책도 작심삼일인 당신에게
사람은 무의식적으로 높은 목표를 떠올린다

사실3 목표가 너무 높으면 몇 번을 해도 진척이 없다　62

실패한 습관은 왜 아무것도 남기지 않을까
반복되는 실패, 구조를 바꿔라

실천 전략1 목표는 5분 이내로!　70

5분 이상 하는 것은 OK
준비 시간도 포함해 5분
계단식 성장의 놀라운 위력

원칙 2　움직일 수 있을 때 떠올린다

꾸준히 꾸준히…

작심삼일 청년, 습관 박사를 만나다

일본 어딘가에 다카하시라는 사람이 살고 있다.

그는 어디에나 있을 법한 평범한 3년 차 직장인이다.

이제는 업무에 어느 정도 익숙해져 안정된 생활을 하는 듯했지만, 사실 그는 하루하루 우중충한 나날을 보내고 있었다.

사회생활을 시작하자 똑같은 하루가 쳇바퀴 돌듯 반복되었고, 시간은 가는데 어쩐지 자신만 계속 정체된 듯한 마음에 권태감을 느꼈다.

'이대로 있어도 괜찮을까?'

'아니, 이대로 있어서는 안 돼. 어떻게든 바뀌어야만 해.'

몇 번이나 그런 생각이 들어 변화를 시도해 보았다. 영어 회화

온라인 강의를 신청하거나 SNS 활동을 시작해 보았지만, 잡다한 일에 쫓기느라 늘 흐지부지하다 보면 어느덧 작심삼일로 끝나는 경우가 부지기수였다.

'나는 왜 이렇게 끈기가 없을까?', '다른 사람들은 어떻게 꾸준히 하는 거지?', '나한테 문제가 있나?'

그렇게 자책하며 또 하루를 보냈다.

우연히 만난 글 하나가 인생을 바꾸다

여느 때처럼 회사에서 일하던 어느 날이었다.

방금 끝난 회의 자료를 정리해 책상 위에 올려놓던 그는 낯선 종이 몇 장이 자료에 섞여 있는 것을 발견했다.

평소 회사에서 보던 업무 자료로 보이지는 않았다. 내용도 회사 업무와는 무관해 보였다.

그 종이에는 어떤 글이 적혀 있었는데, 맨 위에 또렷한 글씨로 다음과 같은 제목이 쓰여 있었다.

'현명한 사람이 성공하는 원리'

"이게 뭐지?"

회의가 끝나고 딱히 할 일이 없던 그는 시간도 때울 겸 그 글을 읽어 보기로 했다.

현명한 사람은 늘 묵묵히 내디디는 한 발짝을 중시한다. 위대한 업적을 이루어 내는 지혜롭고 훌륭한 사람들은 하나같이 이렇게 말한다.
"묵묵히 꾸준히 하는 것이 무엇보다 중요하다."

다카하시는 속으로 투덜댔다.

'또 그 얘기네. 꾸준히 하는 게 중요하다는 건 나도 알아. 문제는 그게 안 된다는 거지.'

하지만 계속 읽어 내려갔다. 묘하게 시선을 끄는 내용인 데다 딱히 할 일도 없었기 때문이다.

글은 39엔짜리 아이스크림과 기타 연습 이야기로 이어졌다. 매일 아이스크림을 먹는 사람과 매일 기타를 치는 사람. 둘 다 '매일 한다'는 점에서는 똑같지만, 결과는 완전히 달랐다.

그리고 글은 이렇게 마무리되었다.

현명한 사람들은 바람직한 습관을 의도적으로 길러 낸다. 그리고 그 습관을 통해 끊임없이 더 긍정적인 방향으로 나아간다. 그것도 거의 자동적으로.

글을 다 읽고 난 다카하시는 그 몇 페이지 분량의 글을 다음과 같이 이해했다.

'좋은 습관만 기르면 앞날이 밝아진다는 건가.'

하지만 곧바로 이런 생각이 들었다.

'문제는 어떻게 좋은 습관을 기르느냐는 거지. 그게 제일 어려운데.'

다카하시는 뭐든지 작심삼일로 끝나는 사람이었지만 제법 예리한 면도 있었다.

그는 자신이 무엇이든 조금만 어려움이 닥치면 쉽게 그만둔다는 사실을 누구보다 잘 알고 있었다.

취업 활동에 앞서 자신을 분석한 결과 본인을 객관적으로 바라볼 수 있게 된 상태였다.

· 장점: 향상심이 있다.

· 단점: 작심삼일인 경향이 있다(그래서 향상심이 있어도 결실을 거두지 못한다).

자기 분석은 정확했다. 문제는 그걸 어떻게 고쳐야 할지 적절한 방법을 몰랐다는 것이다.

다카하시는 생각했다.

'습관화 방법을 배우자. 그게 내 인생의 마지막 노력이 될 거야. 좋은 습관을 기르고 나면 그 후에는 습관이 마치 에스컬레이터처럼 나를 더 나은 곳으로 계속 이끌어 줄 테니까. 더 이상 의지력으로 버티지 않아도 되겠지.'

그는 곧바로 스마트폰을 꺼내 습관화를 검색하기 시작했다.

습관화에 관한 기사나 책 등 각종 정보가 끊임없이 나왔다. 너무 많아서 어디서부터 시작해야 할지 막막했다.

그런데 이유는 알 수 없지만 그중에 유독 눈길이 가는 SNS 계정이 있었다.

‘습관 박사 – 제자 모집 중’

계정에 올라온 자기소개에 따르면 그는 습관화를 평생 연구해 온 학자인 듯했다.

프로필에는 ‘후진 양성을 잘하기로 정평이 나 있다’라는 자신만만한 문구가 적혀 있었다.

하지만 팔로워 수는 딱 일곱 명이었다.

'정평이 나 있다는 것 치고는 팔로워가 너무 적은데….'

신뢰성이 다소 떨어졌지만, 때마침 제자를 모집 중이었다. 게다가 몇 개 안 되는 게시물을 살펴보니 다음과 같은 글이 있었다.

반년 전: '제자 모집 중: 반년 코스 10만 엔'

3개월 전: '제자 모집 중: 반년 코스 ~~10만 엔~~ 3만 엔'

1주일 전: '제자 모집 중: ~~반년 코스 10만 엔 3만 엔~~ 이제 무료로도 괜찮습니다!'

수업료를 두 번이나 내렸다. 10만 엔에서 3만 엔으로 그리고 마침내 무료로.

'이 정도면 거의 망하기 직전인 것 같은데?'

하지만 다카하시는 생각했다.

'인기는 없어 보이지만 무료로 전문가에게 배울 수 있다면 나쁘지 않겠는걸. 손해 볼 것도 없고.'

비용 대비 효과를 따지는 다카하시의 본능이 작동했다. 무료라면 시도해 볼 만했다.

노력은 최소한으로, 효과는 최대한으로

습관 박사에게 당장 연락하자 곧바로 답장이 왔다.

이야기가 척척 진행된 덕분에 다카하시는 박사의 대학 연구실을 방문하게 되었다.

'진짜로 대학교수인 모양이네.'

연구실 주소를 받고 나니 다카하시는 안심이 되었다. 적어도 사기꾼은 아닌 것 같았다.

박사와 연락한 바로 그다음 주에 유급 휴가를 받은 다카하시는 박사가 알려준 대학 캠퍼스로 향했다.

조금 헤매기는 했지만 무사히 박사의 연구실에 도착했다.

다카하시는 긴장된 마음으로 문을 두드리며 인사했다.

"안녕하세요. 얼마 전에 연락드린 다카하시라고 합니다."

그러자 문 너머에서 목소리가 들려왔다.

"어서 와요!"

문을 열고 연구실 안으로 들어가자 박사의 모습이 보였다.

통통한 체구에 애교가 많아 보이는 얼굴을 한 아저씨였다.

나이는 한 50대 후반 정도일까.

그는 '자, 여기 앉아요'라며 다카하시에게 의자를 권했다.

그러더니 마치 기다렸다는 듯이 말을 쏟아냈다.

"때마침 잘왔어요. 내가 그동안 새로운 습관화 이론을 연구해 왔는데, 도저히 정년 전까지 완성하지 못할 것 같지 뭡니까."

갑자기 무슨 소리인가 싶었다.

"이 이론을 이어서 연구해 줄 후계자를 두고 싶은데, 우리 연구실에 있는 학생들은 다들 취업해 버릴 테고. 외부 사람을 제자로 들이려고 SNS를 시작해 봤는데 이게 생각처럼 되지 않더라고요. 배우겠다는 사람이 한 명도 나서지 않아서 어찌나 당혹스럽던지. 가격도 두 번이나 내렸는데 말이에요. 그런 와중에 때마침 다카하시 군이 딱 나타나 준 거예요. 정말 고마워요."

갑자기 뜻밖의 말을 들은 다카하시는 당황했다.

"어, 아니, 저는 습관화 방법을 배우고 싶은 것뿐이지 연구에는 뜻이 없는데요. 후계자가 될 생각도 당연히 없고요…. 제가 지금 하는 일도 있어서요."

하지만 그런 다카하시의 말에도 박사는 아랑곳하지 않고 자기 할 말을 이어 나갔다.

"에이, 그건 배우면서 차차 생각해 보면 돼요. 아, 물론 강요하는 건 아니고. 하지만 습관화의 세계는 정말 흥미롭답니다. 아마 배우다 보면 '내가 이걸 좀 더 연구해 보겠어'라는 말을 스스로

꺼낼 날이 올 거예요.”

다카하시는 ‘그런 날은 아마 오지 않을 텐데’라고 생각했지만 바로 거절했다가는 습관화에 관해 가르쳐 주지 않을지도 모르겠다 싶어 긍정도 부정도 하지 않고 애매하게 답했다.

“음, 그런가요.”

다행히도 그 말을 들은 박사의 기분이 나빠 보이지 않았다. 다카하시는 얼른 본론으로 들어갔다.

“그래도 제게 습관화 방법을 가르쳐 주실 수 있으신가요?”

“물론이지요. 뭐든지 물어봐요.”

그리하여 다카하시는 습관 박사의 가르침을 받게 되었다.

“그래서 자네는 무엇이 궁금한가?”

박사가 말투를 좀 더 편하게 바꾸면서 물었다.

다카하시는 잠시 생각하다가 솔직하게 말했다.

“글쎄요. 노력은 최대한 덜 하면서도 효율적으로 좋은 습관을 기르는 방법론이 있다면 도움이 될 것 같은데요.”

다카하시는 사실 터무니없는 요구라는 걸 알고 있었다. 노력 없이 성공하는 방법이 있을 리 없다. 하지만 혹시 모르니까 물어보는 것이었다.

그런데 박사의 대답은 의외였다.

"아, 그럼 있고말고. 그런 이론이 딱 있지."

"어, 정말인가요? 제발 가르쳐 주세요."

"내가 제창한 '습관의 3원칙'이라는 이론인데, 세 가지 원칙을 지키기만 하면 지속 성공률이 눈에 띄게 향상되지. 이 이론을 바탕으로 하는 습관 강화 앱도 나와 있는데, 이미 그 데이터를 통해 이 이론의 효과가 증명되었다네."

"오, 그것참 좋네요! 꼭 배우고 싶어요."

박사의 설명은 인생을 '가성비'로만 따지는 다카하시의 마음을 강하게 사로잡았다.

'노력은 최소한으로, 효과는 최대한으로. 이거야말로 내가 찾던 거야!'

목표를 크게 낮춘다

습관화는 보통 실패하기 마련이다

"자, 다카하시 군은 어떤 습관을 기르고 싶은가?"

박사가 묻자 다카하시는 두서없이 대답했다.

"글쎄요. 워낙 많은데. 아, 하지만 역시 러닝은 좋은 습관 같아요. 달리기만 해도 몸과 마음이 건강해지고 인간적인 신뢰감이라든가 그런 게 향상되는 느낌이라서요."

"러닝이라, 그것도 좋지. 자, 그럼 여기서 문제!"

"오, 뭔가요?"

퀴즈를 좋아하는 다카하시가 단박에 관심을 보였다.

러닝에 도전하는 사람 대다수가
한 달 안에 포기하는 이유

"러닝을 시작하는 사람 중에 '30일 안에 포기하는 사람'은 전체의 몇 퍼센트일까?"

"글쎄요. 음, 다른 사람들은 낙관적으로 생각할 수도 있겠지만, 저는 그게 그리 호락호락하지 않다는 걸 알아요. 80퍼센트요! 아마 대부분은 포기할걸요."

다카하시는 굳은 표정으로 말했다.

그 말에 박사는 '후후' 웃으며 기쁜 표정을 지었다.

"너무 후한데. 정답은 93.9퍼센트라네. 러닝을 시작하는 사람 중에 약 94퍼센트의 사람이 30일 안에 포기해 버린다는 뜻이지."

"어, 정말인가요?"

예상보다 높은 수치에 다카하시는 놀라움을 감추지 못했다.

"그렇다네. 방대한 데이터를 바탕으로 내린 결론이라 거의 오차가 없지. 뭐, 놀라는 자네의 마음도 이해는 하네만, 이걸 한번 보게나."

박사는 앞에 놓인 컴퓨터 화면을 열어 그래프를 보여 주었다.

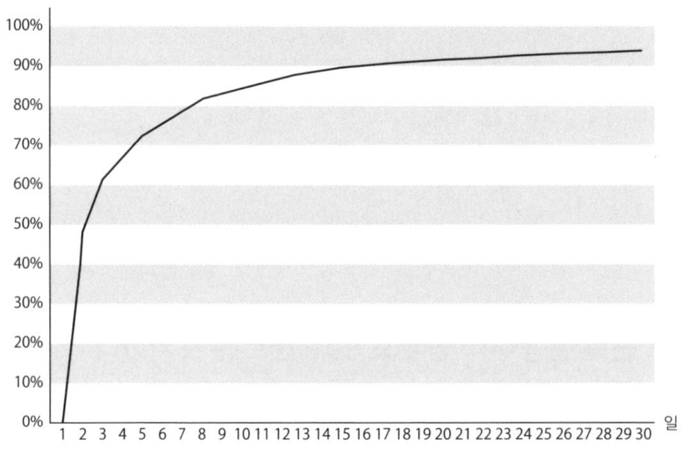

(표본 수: 21,464명, 집계 기간: 2022년 1월 1일~2022년 12월 31일)

그 그래프는 러닝을 시작한 첫째 날, 둘째 날처럼 시간이 갈수록 포기하는 사람이 얼마나 증가하는지를 나타내고 있었다.

"하루 만에 포기하는 사람이 거의 절반이고, 1주일이 지나면 약 80퍼센트, 2주일이 지나면 거의 90퍼센트에 가까운 사람이 러닝을 그만두지."

"다들 그렇게나 포기하는군요…. 러닝을 하는 사람이 꽤 많은 줄 알았는데."

박사는 커피를 내리려 일어서며 말했다.

"러닝을 하는 사람이 SNS에 글이나 사진을 많이 올리니 많아 보이는 것일 뿐, 남몰래 포기하는 사람이 그보다 훨씬 많네. 게다가 누가 몇 번 달렸다는 이야기만 들어도 그 사람을 '평소에 러닝을 하는 사람'으로 보게 되니까."

다카하시는 고개를 살짝 숙이며 중얼거렸다.

"꾸준히 러닝을 하는 건 생각보다 훨씬 어려운 일이네요."

근력 운동이나 공부도 80퍼센트는 포기한다

"어려운 건 러닝뿐이 아닐세. 참고로 근력 운동이나 공부도 사람들은 대부분 포기해 버리지."

　박사는 마우스를 몇 번 클릭하더니 또 다른 그래프를 화면에 띄웠다.

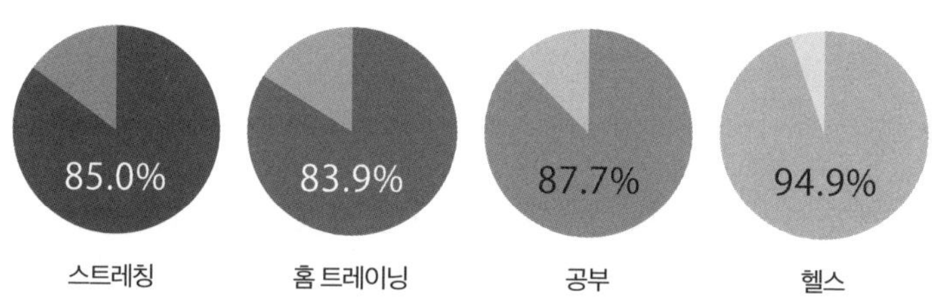

(표본 수 4종 합계 131,604건, 집계 기간: 2022년 1월 1일 ~ 2022년 12월 31일)

"…이게 정말인가요?"

　다카하시는 그래프를 보고 놀라더니 이내 다소 풀이 죽은 듯한 표정으로 말했다.

　"간단한 스트레칭조차 포기하는 사람이 85퍼센트나 되는군요. 습관을 기르는 게 그토록 어려운 일일 줄이야…. 그럼 제가 이제껏 세운 계획이 모두 작심삼일로 끝나 버린 것도 무리가 아니었나 봐요."

잔인한 현실을 깨달은 다카하시를 위로하려는 듯 박사가 뜨거운 커피가 담긴 머그잔을 내밀었다.

"그걸 깨닫는 게 중요하다네! 지금 보았다시피 습관화란 실제로 매우 어렵지. 한데 어째서인지 사람들은 다들 '이 정도는 할 수 있지'라고 생각하거든. 그래서 아무런 대책도 세우지 않고 시작했다가 금세 포기하고 말지. 하지만 '습관화는 어려운 일'이라는 사실을 이해하고 나면 문제가 없지."

박사는 진지한 표정을 지었다.

"그에 대한 대책이 이미 다 연구되어 있으니까 말이야."

박사는 이렇게 말하며 커피를 한 모금 홀짝이다 "앗, 뜨거워!"라고 외쳤다.

'예전에는 했는데'라는 착각의 정체

"하지만 생각해 보니 참 신기하네요."

다카하시가 말했다.

"학생일 때는 하루에도 몇 시간씩 동아리 활동이나 공부를 했는데, 왜 어른이 되니까 고작 몇 분 걸리지도 않는 스트레칭조차 꾸준히 하지 못하는 걸까요."

"아, 그건 전혀 다른 이야기라네."

뜨거운 커피에 혀를 뎄는지 박사가 부정확한 발음으로 이야기를 이어 나갔다.

"예를 들어 육상부 학생이 매일 열심히 달리는 이유가 뭐라고 생각하나?"

"지금보다 더 빨라지고 싶어서 아닌가요?"

"뭐, 그런 사람도 있기야 하겠지. 하지만 '모두가' 열심히 달리는 이유는 그게 아니라네. 진짜 이유는 '연습을 빼먹으면 나중에 더 기분이 나빠지는 일이 생기기 때문'이지."

"아, 그렇군요."

그 말을 들은 다카하시는 자신의 학생 시절이 생각나 고개를 끄덕였다.

운동부 연습을 빼먹었다가는 선생님께 혼나거나 연습에 나온 다른 부원들로부터 따가운 시선을 받는다.

"'달리기 싫은' 사람까지 행동하게 하는 강제력. 학생 때는 이러한 강제력이 작동하지만, 성인이 되고 나면 그것이 사라지지. 하루 빼먹는다고 해도 뭐라고 하는 사람이 없으니 성인은 '달리기 싫다'는 생각이 들면 달리지 않게 되는 거라네."

"아, 그렇지요. 성인이 되면 근력 운동이나 공부 같은 것을 전부 자신의 의지로 시작하게 되니까요."

이해했다는 듯한 다카하시에게 박사는 '그렇지'라고 맞장구를 치며 한마디 덧붙였다.

"그래서 성인이 되면 삶이 상승할지 추락할지가 온전히 자신의 마음먹기에 달리게 되지."

POINT

▸ 아무런 대책 없이 시작하는 사람은 습관화 성공률이 극히 낮다.

▸ 동아리 활동이나 공부를 꾸준히 할 수 있는 이유는 '강제력'이 있기 때문이다.

▸ 스스로 시작하는 근력 운동이나 공부는 빼먹어도 혼내는 사람이 없어 포기하기 쉽다.

목표를 낮추면
성공률이 3배 오른다

"그런고로 습관화란 대부분 실패하기 마련이지만, 개중에는 이를 꾸준히 지속하는 사람도 있거든. 그래서 생각했다네. '지속하는 사람'과 '지속하지 못하는 사람'의 차이가 무엇인지. 그걸 알면 습관화 성공률을 올릴 수 있을 테니까."

"아하, 꽤 괜찮은 관점이네요."

다카하시는 마치 자신이 뭐라도 되는 것처럼 거들먹거리며 말했다.

"그렇지?"

박사는 다카하시의 태도에 아랑곳하지 않고 말을 이었다.

"그래서 여러모로 분석해 봤다네. '목표에 구체적인 수치가 있는 편이 더 좋은지' 혹은 '운동이나 공부처럼 습관화하려는 내용에 따라 차이가 발생하는지' 등 말일세."

"흐음."

"좋은 생각이 떠오르는 족족 분석해 보는 과정에서 꽤 다양한 점을 알아냈는데, 그중에서도 유난히 더 중요한 요소가 있었지 뭔가."

"오호! 그게 뭔가요?"

유익한 정보를 얻을 수 있을 듯하자 다카하시가 갑자기 큰 관심을 보이기 시작했다.

"그건 말이지…."

다카하시는 자신도 모르게 침을 꿀꺽 삼켰다.

"바로 목표를 달성하는 데 걸리는 시간이라네. 즉, 쉽게 달성할 수 있는 목표일수록 지속 가능한 법이지."

"…뭐, 그야 목표가 낮을수록 더 꾸준히 할 테니까요."

무언가 대단한 내용을 기대했던 다카하시는 박사의 뻔한 말에 실망했다.

하지만 박사는 그런 반응을 예상했다는 듯 차분한 목소리로 말을 이어 나갔다.

"당연히 '목표가 낮을수록 더 꾸준히 하겠지만' 중요한 점은 그것이 성공률을 얼마나 좌우하느냐 하는 것일세."

박사는 컴퓨터 모니터에 그래프를 하나 띄웠다.

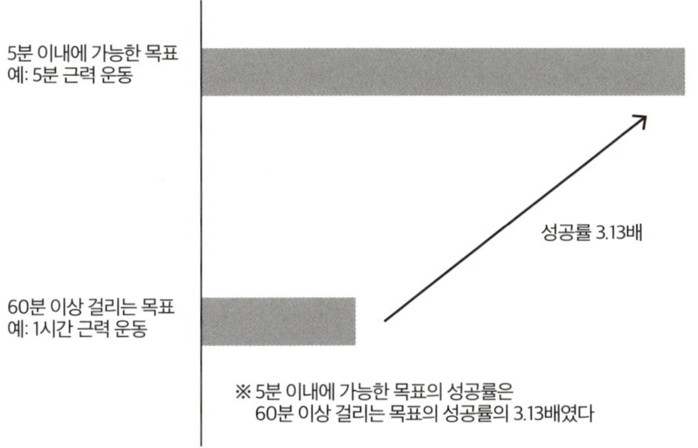

"어, 확실히 상당한 차이를 보이네요."

다카하시는 그래프를 보며 눈을 크게 떴다. 3배가 넘는 차이
라니.

"성공률을 좌우하는 요인은 다양하지만, 이렇게까지 차이가
벌어지는 요인은 매우 드물다네. 어차피 어떤 일을 꾸준히 해야

한다면 이런 중요한 요소부터 먼저 접근하는 편이 좋지 않겠나. 똑같은 노력을 들여도 더 효과적일 테니 말이야."

"똑같은 노력을 들여도….'

이처럼 가성비를 강조한 박사의 설명은 조금 전까지만 해도 실망감으로 가득 차 있던 다카하시의 마음을 사로잡았다.

그 말을 들은 다카하시는 마치 손바닥 뒤집듯 태도를 싹 바꾸며 말했다.

"역시 사람은 당연한 일을 당연하게 할 수 있느냐가 중요하니까요."

작심삼일에 대한 대책도 작심삼일인 당신에게

"게다가 '짧은 목표는 지속할 수 있다'라는 사실을 알아 두면 매우 쉽게 큰 효과를 낼 수 있지."

박사는 또다시 가성비를 강조한 설명을 이어 나갔다.

"오호!"

다카하시의 눈이 다시 반짝였다.

"습관화 방법에는 여러 가지가 있지만, 의외로 실천하기 쉽지 않은 방법이 많지."

박사는 "예를 들어…"라고 운을 떼더니 화이트보드에 다양한 예를 적기 시작했다. (글을 써 내려가는 속도는 매우 빨랐지만, 글씨체는 엉망이었다.)

의외로 실천하기 어려운 '습관화 방법'

· SNS에 게시하기 → 글을 매일 올려야만 한다.

· 보상 마련하기 → 적절한 보상을 매일 준비해야만 한다(질리지 않도록 다양하게).

· 함께할 동료 만들기 → 동료를 만들어 그 사람과 매일 연락을 주고받 아야만 한다.

"이런 일들이 소소하게 보일 수도 있지만, 매일 해야 한다면 쉽지 않을걸세."

"맞아요. 실제로 저도 SNS에 기록을 남기는 방법과 함께할 동료를 만드는 방법을 써봤다가 실패한 적이 있어요."

다카하시의 풍부한 실패 경험 덕분에 이야기가 막힘없이 흘러갔다.

"처음에는 열심히 사진도 찍고 글도 썼는데, 1주일쯤 지나니까 ‘오늘은 뭘 올리지?’ 하는 게 스트레스가 되더라고요.”

박사는 고개를 끄덕이며 설명을 이어 나갔다.

“그에 반해 ‘목표를 낮추는’ 방법은 그저 처음에 그렇게 정하기만 하면 된다네. 예를 들어 근력 운동을 시작하는 날에 ‘하루에 5분만 운동하자’라고 목표를 정하기만 하면 끝이지. 그렇게만 하면 그 후에 아무것도 하지 않아도 효과가 지속된다네. 게다가 아까 말한 것처럼 효과는 절대적이기까지 하지.”

“이야!”

작심삼일에 대한 대책마저도 작심삼일로 끝나고는 했던 다카하시는 그 말에 큰 감명을 받았다.

사람은 무의식적으로 높은 목표를 떠올린다

다카하시는 박사의 유익한 이야기에 잔뜩 신이 났지만, 잠시 생각해 보더니 이렇게 말을 꺼냈다.

“하지만… 그건 ‘목표를 높게 잡은 사람은 목표를 낮추자’라는 말이잖아요. 하지만 저는 늘 ‘매일 60분’ 같은 구체적인 계획 없이 그저 ‘근력 운동을 하자’라는 식의 막연한 목표밖에 떠올리지 않았는걸요. 그러면 저는 '목표를 낮추기'라는 방법을 쓰지 못하는 거 아닌가요?"

"좋은 질문일세." 박사가 말했다.

"하지만 그럴 때도 '목표를 낮추는' 방법이 효과가 있다네. 구체적으로 생각하지 않을 경우, 사람은 무의식적으로 높은 목표를 떠올리고 말거든."

"어, 그게 무슨 소리인가요?"

"구체적으로 정하지 않더라도 '근력 운동을 하자'라고 생각했을 때, 사람이 머릿속으로 '대충 이 정도는 해야지'라고 떠올리는 양이 있단 말일세."

박사는 예를 들어 설명했다.

"헬스장에 가서 근력 운동을 한다고 치면 운동 시간이 보통 1시간 정도 되려나."

"아, 듣고 보니 그러네요. 힘들게 헬스장까지 갔는데, 근력 운동을 달랑 20분만 하기는 좀 아깝잖아요."

"그렇지. 바로 그런 느낌일세. 경력에 도움이 될 만한 공부를 하려고 할 때도 무의식적으로 '1시간은 해야지'라고 생각하는 사람이 많다네."

"맞아요. 영어 공부도 그 정도는 해야 익숙해지는 기분이 든다니까요."

다카하시는 박사의 말에 고개를 끄덕였다.

"뭐, 물론 모두가 그런 것은 아니지만, 적어도 '구체적인 시간을 정해 두지 않은 사람이 5분 안에 할 수 있는 목표를 떠올렸을 경우'는 극히 드물지. 그렇기에 의식적으로 목표를 낮추면 거의 모든 사람이 성공률을 높일 수 있다네."

다카하시는 '듣고 보니 그렇네'라며 고개를 끄덕이면서도 한편으로는 이런 생각이 들었다.

'하지만 하루에 고작 5분은 너무 짧은데. 그 정도면 지속하는 의미가 없지 않나?'

하지만 이러한 다카하시의 의문은 박사와 나눈 대화와 그의 설명을 통해 뒤에 가서 완전히 해소된다.

목표가 너무 높으면
몇 번을 해도 진척이 없다

이야기가 어느 정도 일단락되자 박사는 커피를 내리러 천천히 가려고 자리에서 일어났다.

딱히 할 일이 없던 다카하시는 별생각 없이 박사에게 물었다.

"그러고 보니 박사님은 어쩌다 습관화를 연구하기 시작하셨어요?"

그 말을 들은 박사는 인스턴트커피 봉지를 뜯으려던 손을 멈춘 채 잠시 생각에 잠기더니 말했다.

"내게는 예전에 정말 사랑했던 여자가 있었다네."

'아이고, 이거 이야기가 길어질 것 같은데….'

다카하시는 괜한 질문을 한 것을 후회했다.

"내가 아직 박사과정을 밟고 있던 학생 신분이었을 때, 그 사람과 교제를 시작했지. 평생 아껴 줄 테니 결혼을 전제로 사귀어 달라고 하면서 말이야. 그렇게 우리는 함께 살기 시작했고, 처음에는 그녀를 위해 요리도 하고 생일을 축하하는 자리를 마련하기도 했지. 하지만 당시의 나는 참 변변치 못한 남자였다네. 금세 그녀와의 약속을 소홀히 하기 시작했고, 더는 그녀를 위해 아무것도 하지 않았지. 그녀를 위하기는커녕 함께 하기로 했던 집안일도 등한시하고 말았어…. 그런 내게 그녀가 말하더군. '당신은 자신이 한 말을 지키지 못하는 사람이야. 그런 사람과는 앞날이 보이지 않아.' 그렇게 나는 차이고 말았다네. 그때부터 나는 스스로 결정한 일을 끝까지 해내려면 어떻게 해야 할지 고민했네. 그 문제에 내 전공 분야인 통계학을 응용하기 시작했고, 그렇게 습관에 관해 연구하기에 이르렀지."

"그런 가슴 아픈 사연이 있었군요…."

다카하시는 어떤 위로의 말을 건네야 좋을지 몰라 어색한 분위기를 모면하려고 커피를 마시려 했다.

하지만 안타깝게도 머그잔은 비어 있었다.

실패한 습관은 왜 아무것도 남기지 않을까

"그렇지. 기왕 이야기가 나온 김에 실연에 관한 습관화 강의라도 해볼까?" 그때 고요한 침묵을 깨고 박사가 애써 밝은 어조로 황급히 말했다.

다카하시는 생각했다.

'이 사람 정신 상태가 괜찮은가?'

"나는 보기와는 달리 여자에게 인기가 그다지 많지 않아 실연에 대해 잘 알고 있다네."

척 보기에도 여자에게 인기가 없어 보이는 박사가 말했다.

"실연은 매우 괴로운 경험이지만 그만큼 우리에게 자신을 돌아보게 하고 많은 배움을 주지."

"맞아요. 저도 여자에게 많이 차여 본 편인데, 그때마다 '뭐가 문제였을까'라든가 '그렇게 했으면 더 낫지 않았을까'라는 생각을 했어요. 친구들과도 그런 이야기를 했지요."

"오! 자네도 내 심정을 이해하겠는가."

다카하시의 말에 크게 공감한 박사는 열변을 토하며 설명을 이어 나가기 시작했다.

"그럼 먼저 실연과 습관화를 끝낼 때의 차이를 생각해 보세나.

습관화에 실패해 좌절했을 때, 자네는 그 경험을 통해 우리가 무엇을 배운다고 생각하나?"

다카하시는 "어…." 하고 잠시 고민하다 말했다.

"딱히 뭘 배운 게 없는데요. 러닝을 몇 번이나 중간에 포기해 버렸지만, 그때마다 '다음에는 꼭 제대로 해야지!'라는 말만 반복하다 또 좌절해서요."

그 말에 박사는 만족스러운 듯 고개를 끄덕였다.

"그렇지. 그럼 어째서 우리는 같은 실수를 반복하는 걸까?"

"음…."

다카하시는 잠시 고민하더니 마치 무언가를 깨달은 듯 "아!" 하고 외쳤다.

"반성할 기회가 생기지 않으니까 그런 거 아닐까요?"

다카하시는 쉴 새 없이 말을 쏟아냈다.

"실연을 당하면 몹시 괴로우니까 떠올리기 싫어도 자꾸만 그 일에 대해 생각하게 되잖아요."

다카하시는 자신의 경험을 떠올리며 말했다.

"하지만 습관화는 '이제 우리 헤어지자'라는 말을 들을 때처럼 괴로운 순간 없이 될 대로 되라지 하는 식이 되어 버리니까 정신을 차렸을 때는 이미 무덤덤해져서 반성할 기회가 없는 것 아닐까요?”

“오, 다카하시 군. 참으로 대단하네! 완벽한 대답이야.”

박사는 자신처럼 실연의 아픔을 잘 아는 다카하시에게 칭찬을 퍼부었다.

그러더니 이런 말을 덧붙였다.

“그렇기에 습관화는 자꾸만 같은 일을 반복하는 악순환에 빠져 버리지. 단순히 의욕만을 앞세워 몇 번씩 도전한다고 해서 늘 결과가 좋을 수만은 없거든. 세상이 그리 만만하지는 않지.”

반복되는 실패, 구조를 바꿔라

"어, 그러면 어떻게 해야 하나요?"

다카하시는 당연한 질문을 던졌다.

"우선 작은 목표를 정해 '무언가를 지속했다'는 성공 경험을 만드는 게 좋다네. 그렇게 무언가를 한 번 지속하고 나면 그 이후에도 성공률이 높아져서 더 어려운 목표도 꾸준히 할 수 있게 되지. 이러한 성공 경험은 '5분 근력 운동' 같은 소소한 목표부터 시작해 보는 것이 좋아. 작은 일이라 해도 수십 일 동안이나 지속하는 경험 자체가 사람을 레벨업시켜 주거든."

"오, 레벨업!"

게임을 좋아하는 다카하시는 레벨업이라는 말에 유난히 격한 반응을 보였다. 평소라면 딱딱한 자기계발 이야기에 금세 지루함을 드러냈을 텐데, '레벨업'이라는 단어가 그의 스위치를 켰다.

"목표가 너무 높으면 결국 좌절해 버리고 아무것도 배우지 못해 다음 목표로 이어지지 않지."

"맞아요. 조금 나아가는가 싶다가도 다시 '원점으로 되돌아가기'를 반복할 뿐이지요. 작심삼일이라는 말이 저를 위해 만들어진 것 같다니까요."

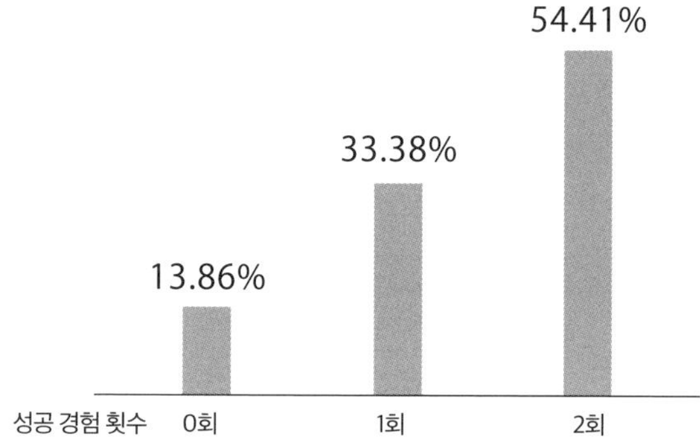

"그래. 그야말로 좌절의 악순환이지. 하지만 목표를 낮게 잡으면 조금씩이나마 꾸준히 앞으로 계속 나아갈 수 있다네."

"음, 그러니까 작은 일부터 차근차근 시작하는 게 결국에는 가장 빠른 길이라는 말이지요?"

"바로 그거야. 돌아가는 것처럼 보여도 그게 진짜 지름길이라네."

연애에서 늘 실패만을 경험한 두 사람은 습관화만이라도 어떻게든 성공해 보려고 열띤 대화를 이어 나갔다.

▹ 사람은 연애를 끝내는 과정에서 무언가를 배우지만, 습관화를 끝내는 과정에서는 아무것도 배우지 못한다.

▹ 좌절로 끝날 가능성이 큰 목표는 몇 번을 도전해도 진척되지 않는다.

▹ 작은 목표라도 한번 지속해 봐야 나중에 더 높은 목표도 지속할 수 있게 된다.

목표는 5분 이내로!

"그래서 무언가를 시작할 때는 하루 5분 이내에 가능한 낮은 목표를 세우는 것이 좋다네. 해보면 알겠지만, 처음에는 5분을 채우기도 쉽지 않을 거야."

"흠…."

조금 전까지만 해도 열띤 대화를 나누던 다카하시는 막상 구체적인 수치를 듣자 살짝 고민에 빠졌다.

"물론 목표가 낮아야 더 지속하기 쉽기는 하겠지만, 아무리 그래도 5분은 너무 짧지 않나요? 그렇게 짧은 시간 내에 하는 일은 지속한들 별 의미가 없을 것 같은데요. 언젠가는 레벨업을 할 수 있다고 말씀하셨지만, 그래도 좀…."

다카하시는 어쩐지 불만스러워 보였다.

"물론 그렇게 생각할 수 있지."

박사는 차분하게 말했다.

"하지만 그것과 관련해 짚고 넘어가야 할 몇 가지 중요한 핵심이 있다네."

5분 이상 하는 것은 OK

"먼저 5분 이내에 가능한 목표를 세우라고 했지만, '반드시 5분만 해야 하는 것'은 아니라네."

"네?"

"예를 들어 자네가 '5분 근력 운동'을 목표로 세웠다고 해보세. 그런데 실제로 5분을 해보면 '조금만 더 할까'라는 마음이 생길 때도 있거든."

"아, 뭔지 알아요. 귀찮아서 하기 싫다가도 막상 하면 의욕이 넘치는 날이 있거든요. 일단 시작하니까 몸이 풀려서 '이왕 한 거 좀 더 할까' 싶을 때요."

다카하시가 박사의 말에 공감하며 고개를 끄덕였다.

“그렇지. 그럴 때는 10분이든 20분이든 근력 운동을 더 해도 된다네. 오히려 권장하는 바야.”

“아, 그거 괜찮네요.”

“그렇지. 오히려 이처럼 ‘좀 더 하고 싶은’ 마음을 유발하는 게 하나의 노림수이기도 하다네. 그러니 ‘목표’를 5분으로 잡아도 ‘실제 성과’는 20분이 되기도 하는 거지. 핵심은 목표를 낮게 잡아서 시작의 문턱을 최대한 낮추는 거야. 일단 시작하면 더 하게 되는 경우가 많으니까. 이게 바로 5분 전략의 진짜 힘이라네.”

“아하, 그 말을 들으니 좀 안심이 되네요. 생각보다 훨씬 현실적이에요.”

생각보다 유연한 사고에 다카하시는 마음이 한결 가벼워졌다.

준비 시간도 포함해 5분

“목표 시간과 관련해 알아 두어야 할 또 다른 핵심이 있지.”

박사는 잠시 뜸을 들이더니 말했다.

“그건 바로 ‘준비 시간도 포함해 5분’이라는 거야. 다시 말해 실제로 행동하는 시간만이 아니라 그 행동을 위한 준비 과정까지 모두 합쳐서 5분이어야 한다는 뜻이지. 그렇기에 똑같은 5분이라 해도 '집에서 5분간 근력 운동 하기'보다 '헬스장에서 5분간 근력 운동 하기'라는 목표가 더 포기하기 쉽지. 수건이나 갈아입을 옷도 챙겨야 하고, 헬스장까지 이동하는 데 시간이 걸리니까."

"에이, 그건 별로 상관없지 않아요?"

다카하시는 박사의 말이 잘 이해가 가지 않았다.

"실제로 근력 운동을 하는 시간은 5분인데. 준비 시간이야 어차피 필요한 거잖아요. 헬스장에 가는 게 더 전문적이고 효과적일 것 같은데요."

"아니야, 다카하시 군. 그렇지 않다네."

박사는 단호한 어조로 말하더니, 그래프를 하나 보여 주었다.

"똑같은 근력 운동이라도 집에서 하는 사람보다 헬스장에 가서 하는 사람이 더 포기하기 쉽다네. 실제 데이터를 보면 포기하는 비율이 고작 사흘 만에 24퍼센트나 차이가 나지. 준비 과정이 복잡할수록 지속 가능성이 급격히 떨어지는 거야."

그 그래프를 본 순간 다카하시는 그동안 셀 수 없을 만큼 여러 번 헬스장을 그만두었던 기억이 떠올랐다. '역시 내 문제가 아니었어. 애초에 목표 설정 자체가 잘못된 거였구나.' 다카하시는 쓴웃음을 지으며 고개를 끄덕였다.

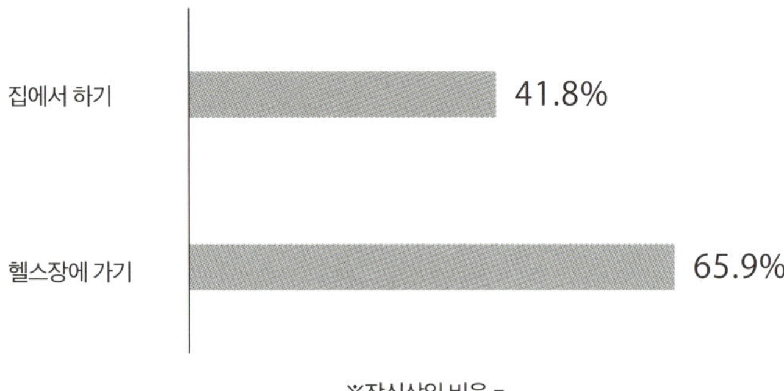

다카하시는 크게 심호흡하며 정신을 가다듬은 뒤 다시 대화를 이어 나갔다.

"…뭐, 확실히 헬스장을 꾸준히 다니기가 쉽지는 않지요. 하지만 집에서는 운동을 잘만 하는 사람들이 어째서 헬스장에 가면 그렇게 포기해 버릴까요?"

"그건 할 일이 늘어나서 '귀찮은' 마음이 커지기 때문이라네."

박사는 이렇게 말하더니 화이트보드에 무언가를 열심히 적기 시작했다.

해야 할 일: 헬스장에 갈 경우

1. 침대에서 일어나기

2. 수건이나 갈아입을 옷 챙기기

3. 외출복으로 갈아입기

4. 헬스장까지 이동하기

5. 근력 운동 하기

해야 할 일: 집에서 근력 운동을 할 경우

1. 침대에서 일어나기

2. 근력 운동 하기

"상황에 따라 조금 차이가 날 수는 있지만 보통은 헬스장에 갈 때 챙겨야 할 일이 더 많지. 그런 일을 '귀찮아하는 마음'이 점점 커지다 보면 '오늘은 가지 말까?'라는 생각이 들게 되는 거라네."

"아, 확실히 갈아입을 옷을 챙기거나 추운 날에 헬스장까지 가야 하는 게 상당히 귀찮기는 하지요. 가만히 생각해 보니 그게 문제였네요."

다카하시는 무릎을 치며 고개를 끄덕였다.

"그렇지. 하루나 이틀 정도는 열심히 할지 모르겠지만, 뭐든지 습관이 되려면 수십 일은 걸리기 마련이라 '귀찮지만 열심히 하기'에는 무리가 따른다네. 의지력은 한정된 자원이거든. 언제가 되든 간에 결국 '그냥 오늘은 가지 말자'라는 식으로 의지가 꺾이고 말지."

박사는 진지한 표정으로 말했다.

"그런 점에서 '준비 시간까지 포함해 5분' 정도밖에 걸리지 않는 간단한 목표는 며칠이 지나도 별 무리 없이 지속할 수 있지. 귀찮음이 생길 틈이 없으니까."

"오, 의외로 많은 부분이 고려되었네요. 단순해 보이는 원칙에 이런 깊이가 있었다니."

다카하시는 솔직히 감탄했다.

계단식 성장의 놀라운 위력

"아니, 그러면 헬스장에 다니는 습관은 기르기 어렵나요? 저도 조만간 헬스장에 등록해 탄탄한 몸을 만들고 싶은데요."

탄탄한 몸과는 어울리지 않아 보이는 다카하시가 기대에 찬 목소리로 말했다.

"아니, 차근차근 단계를 밟아 나가면 된다네. 헬스장이 최종 목표라면, 그곳에 가기 전에 먼저 준비 단계를 거쳐야 하지. 아직 운동 습관이 잡히지 않았다면 집에서 근력 운동부터 시작해 보게나. 그렇게 운동 시간을 5분, 10분씩 레벨업시켜 나가면서 운동에 대한 거부감이 사라지면 헬스장에 도전해 보는 거지. 그것도 처음부터 매일 가는 게 아니라 '평소에는 집에서 10분간 운동하고 일요일에만 헬스장을 가는 식'으로 시작해야 지속하기 쉬울 걸세. 한 번에 모든 걸 바꾸려고 하면 실패하기 쉽지만, 하나씩 추가해 나가면 성공 확률이 높아진다네."

"흠, 그렇군요. 그럼 처음부터 헬스장에 등록하는 건 너무 성급한 거였네요."

"이것도 정확한 데이터가 나와 있다네."

박사는 새로운 그래프를 화면에 띄웠다.

"갑자기 헬스장에 가려고 하면 성공률이 매우 낮지. 첫 주에만 40퍼센트가 포기하고, 한 달 안에 70퍼센트가 그만두지. 하지만 집에서 근력 운동 등을 30일간 지속한 후에 가면 성공률이 현저히 올라간다네. 같은 기간 동안의 포기율이 20퍼센트 정도밖에 안 되거든. 무려 3배 이상 차이가 나는 거야."

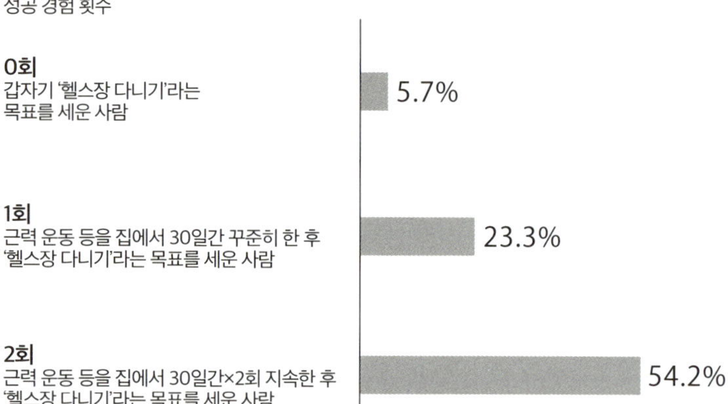

"차이가 어마어마한데요!"

다카하시는 놀란 표정으로 그래프를 바라봤다.

"운동이 한번 습관으로 자리 잡기 시작하면 그에 대한 거부감이 줄어들기 때문이지."

"아. 그래서 간단한 운동부터 시작해 차츰 수준을 높여 나가는 게 좋은 건가요?"

다카하시는 무언가 떠올랐다는 듯 말했다.

"하긴 드퀘(일본의 국민적인 RPG 게임 '드래곤 퀘스트'의 약자―옮긴이)만 봐도 처음 등장하는 몬스터가 슬라임이니까요. 처음부터 드래곤이 나오면 바로 게임 오버죠."

다카하시는 박사의 말을 자신의 방식대로 이해하며 고개를 끄덕였다.

‣ 준비 시간을 포함해 5분 이내에 할 수 있는 목표를 세워야만 꾸준히 하기 쉽다.

‣ 목표한 일을 5분 넘게 해도 괜찮지만 처음에 설정한 낮은 목표치를 올리지는 않는다.

‣ 소소한 목표라도 꾸준히 지속할 수 있어야 더 높은 목표로 레벨 업하기 쉽다.

'그런 낮은 목표가 의미가 있나?'

"자, 이렇게 원칙 1 '목표를 크게 낮춘다'를 살펴봤네. 지금까지 말한 내용에 대해 질문할 게 있는가?"

"네, 실은 아직 마음에 조금 걸리는 부분이 있는데요…."

"오, 그게 뭔가?"

다카하시는 자기 생각이 어쩐지 모순된 것 같아 조금 망설여졌지만, 찜찜하게 생각한 부분을 이야기하기 시작했다.

"아무리 그래도 목표를 5분 이내로 잡으라는 말이 잘 이해가 가지 않습니다. 아니, '결국 5분 넘게 하게 된다'거나 '그러다 보면 레벨업을 하게 된다'라는 말은 맞는다고 생각해요. 하지만 아직 잘 실감이 되지 않는다고 해야 하나. 솔직히 말하면 그렇게 목표를 낮게 세워 놓고 밝은 미래를 기대한다는 게 말이 안 된다는 생각이 들어서….”

“그런 생각이 들겠지. 하지만 다카하시 군, 그렇게 생각하는 건 자네만이 아닐세!”

“네?”

“즉, 자네 말은 ‘이론상으로는 그럴지 몰라도 실제로도 그런 일이 가능하냐’라는 것이지? 나도 처음에는 그런 의구심이 들었다네. 그래서 실제로 하루에 5분간 목표를 꾸준히 실천한 사람을 대상으로 설문조사를 해봤다네.”

“오, 그것참 좋은데요. 그런 데이터가 있었군요.”

“내가 낸 질문은 이거였다네. ‘목표를 지속해 보니 어떤가 성과가 있었는가?’”

박사는 컴퓨터 모니터에 슬라이드 자료를 띄웠다.

“‘성과가 조금 있었다’라는 정도로만 대답한 사람도 있었지만, 97퍼센트 이상이 성과가 있었다고 답했다네.”

“그, 그렇게나 많이요? 거의 전부잖아요!”

“후후, 구체적인 성과에 대한 보고도 있네.”

“그런가요?”

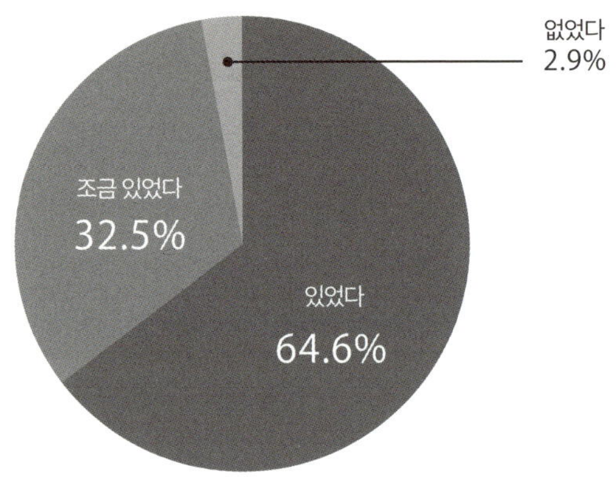

※목표를 6개월 이상 지속한 사람들의 답변
(답변자 수: 240명, 답변 기간: 2022년 11월 19일~2022년 12월 7일)

Q. 목표를 지속해서 거둔 성과에 대해 말씀해 주세요.

· 체중을 8kg 감량했다, 주위 사람들에게 살이 빠졌다는 말을 들었

다.(10대 여성/근력 운동)

· 체중을 5kg 감량했고, 자세가 교정되었다.(20대 여성/근력 운동)

· 따로 식단 관리도 했지만 체중을 10kg 감량하는 데 성공했다!(30대

여성/근력 운동)

· 체중을 14kg 감량했다.(40대 여성/근력 운동)

· 체중 5kg 감량, 허리둘레 3cm 감소(40대 남성/근력 운동)

· 요통이 사라졌다.(30대 남성/근력 운동)

· 냉한 체질이 개선되었다! (40대 여성/스쾃)

· 매일 책을 읽게 되었다. (50대 남성/독서)

· 매일 정리 정돈을 하게 되었다. (20대 남성/정리 정돈)

· 그림 그리기가 습관화되었다. (10대 여성/일러스트)

· SF 소설을 완성했다. (20대 여성/소설 집필)

· 자격증 시험에 합격했다. (20대 여성/공부)

· 영어 단어를 꾸준히 외우는 습관을 들여 원하는 학교에 합격했
  다. (10대 여성/공부)

다카하시는 또 한 번 놀랐다.

"고작 5분짜리 목표만으로 체중을 10kg이나 감량하거나 소설 한 편을 쓸 수가 있었다는 건가요? 이건 정말 믿기지 않는데요."

"정확히 말하자면 '5분짜리 목표부터 시작한 사람들'이지. 처음에는 부담을 낮춘 5분으로 시작했지만 작은 목표에서 난도를 높여 차츰 레벨업을 할 테니까."

"아, 그랬지요. 하지만 그런 레벨까지 도달할 줄은 몰랐어요. 5분이 이런 큰 변화로 이어진다니….."

"하지만 아까 자네가 말한 '드퀘'만 봐도 처음에는 슬라임조차 간신히 잡던 용사가 나중에는 결국 마왕을 쓰러뜨리게 되어 있

지. 그와 비슷한 일이 현실에서도 데이터로 나타나는 것 아니겠나?”

“그건 그렇죠….”

박사의 말에 다카하시는 잠시 생각에 잠겼다.

현실 세계에서도 올바른 길을 꾸준히 걸어간다면 결국 해피엔딩이라는 결과가 기다리고 있다.

그렇게 생각하자 자신의 앞날도 아직 그리 절망적이지는 않다는 생각이 들었다.

98퍼센트가 성과를 봤다

“참고로 그 설문조사에는 질문이 하나 더 있었다네.”

“어, 그게 뭔가요?”

박사는 다음 슬라이드를 화면에 띄웠다.

“바로 ‘목표를 낮게 세워 다행이었다고 생각하는가’였다네. 이 질문에 98퍼센트 이상이 ‘목표를 낮게 세워 다행이었다’라고 대답했다네.”

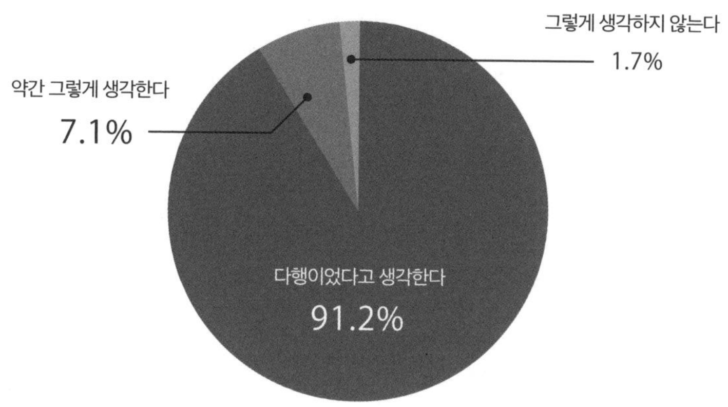

※6개월 이상 목표를 지속한 사람의 답변
(답변자 수: 240명, 답변 기간: 2022년 11월 19일~2022년 12월 7일)

Q. 실제로 목표를 지속해 보니 '목표를 낮게 세우는 것'에 대해 어떤 생각이 드십니까?

· 목표를 낮게 잡아도 성취감은 매우 크다. (20대 여성/스트레칭)

· 목표 이상으로 한 날도 있고, '조금이라도 했다'라는 성취감이 자기 긍정감으로 이어졌다. 동기 부여를 유지하게 되었다. (30대 여성/대학 공부)

· 낮은 목표를 달성하고 남은 힘이 다른 행동으로 이어져 동기 부여가 향상되었다. (60대 여성/스트레칭)

· 조금밖에 하지 못해도 '그래도 목표는 달성했으니까…'라고 생각하

니 마음이 편해져 꾸준히 할 수 있었다. (20대 여성/자격증 공부)

· 귀찮아도 '일단 5분이라도 하자'라는 생각으로 했더니 욕심이 생겨 이것저것 더 시도해 보게 되어 좋은 성과(체중 14kg 감량)로 이어졌다. (40대 여성/근력 운동)

· 낮은 목표는 성취감이 있어서 지속하는 재미가 있다. 달리 말하면 당장 지속하지 못하는 일은 목표를 잘못 설정한 탓이라는 사실을 알게 되었다. (30대 여성/업무 관련)

· 목표의 수준보다 지속성에 중점을 두는 것이 중요하다고 느꼈다. 목표를 낮게 잡는 편이 결과적으로는 더 큰 성과를 낸다고 생각한다. (30대 남성/근력 운동)

"우와! 이것도 거의 만장일치네요!"

다카하시는 누가 봐도 놀란 모습이었다.

"이 질문에 대해서도 실제로 목표를 지속한 사람들의 구체적인 답변이 있었지."

"흠, 성취감이나 동기 부여에 대해 언급한 사람이 많아 보이는데요. '꾸준히 하는 재미'라는 표현도 눈에 띄고요."

"오! 잘 봤네. 바로 그 지점이 중요하지."

행동이 의욕을 만든다

"다카하시 군은 '의욕이 행동을 낳는다'고 생각하지 않나?"

"네?" 다카하시는 작게 되물으며 잠시 고민했다.

"음, 그런 것 같은데요. 의욕이 생기는 날에는 근력 운동을 할 수 있지만, 의욕이 없는 날에는 근력 운동을 할 수 없는 것 같은데, 아닌가요?"

"반은 맞고 반은 틀린 말이야. 하지만 의욕이 없어도 행동할 수 있는 일도 있다네."

"어, 그런가요?"

다카하시는 박사의 말이 잘 이해가 가지 않는 듯했다.

그러자 박사가 이어서 말했다.

"목표가 낮으면 의욕이 없어도 행동할 수 있거든. 사실 이게 핵심이야. 의욕이 없는 날에 '헬스장에 가서 근력 운동을 1시간 하는 것'은 무리지만, '집에서 5분간 근력 운동 하기' 정도라면 가능할 수도 있지 않나."

"아, 그건 그렇지요. 5분이라면 '에라 모르겠다' 하고 운동을 할 수 있을 것 같아요."

"이러한 차이가 의욕과 행동의 순환을 바꾸어 버린다네."

박사는 화이트보드를 이용해 설명하기 시작했다.

목표가 높은 사람의 악순환

1. 의욕이 없는 날에는 '한 시간이나 할 기운이 없어…'라며 목표를 행동에 옮기지 못한다.
2. '오늘도 하지 못했네…'라는 생각에 한심한 기분이 들고 의욕이 더 떨어진다.
3. 의욕이 떨어진 채로 다음 날을 맞아 더 행동하기 어려워진다.

목표가 낮은 사람의 선순환

1. 의욕이 없는 날에도 '5분만 하면 되니까 후딱 해치워 버릴까'라는 마음으로 행동할 수 있다.
2. 행동하고 나면 성취감이 생겨 '나 좀 대단한걸!'이라는 식으로 의욕이 더 상승한다.
3. 의욕이 올라간 채로 다음 날을 맞아 더 행동하기 쉬워진다.

다카하시는 양쪽을 비교해 보더니 '흠, 그렇군'이라며 고개를 끄덕였다.

그러자 박사가 한마디 덧붙였다.

"'의욕이 행동을 낳는다'라는 말이 맞기는 하지만, '행동이 의욕을 낳는다'라는 말도 사실이지. 실제로는 후자가 더 강력할 수도 있어. 그러니 의욕이 없는 날에도 목표를 조금이라도 행동으로 옮길 수 있으면 의욕과 행동이 끊임없이 이어지는 선순환 상태에 놓이게 될걸세."

"오호, 지금 대단한 비밀을 들은 것 같은데요! 의욕을 기다리는 게 아니라 행동으로 의욕을 만들어 내는 거군요!"

비밀이나 비법에 관심이 많은 다카하시는 잔뜩 흥분했다.

'하지만 나는 할 수 있을 것 같은데?'

비밀을 알아낸 다카하시가 잔뜩 흥분한 바로 그때, 연구실 문을 두드리는 소리가 들렸다.

"실례합니다."

"어, 들어와요!"

박사가 말하자 산뜻한 인상의 청년 한 명이 들어왔다.

"박사님, 여기에 서명해 주셨으면 하는데…. 아, 죄송합니다. 손님이 와 계셨군요."

다카하시의 존재를 알아차린 청년이 잠시 시선을 마주치더니 가볍게 고개를 숙여 인사했다. 다카하시도 머뭇거리며 청년을 향해 고개 숙여 인사했다.

"괜찮네, 야마시타 군. 이 친구는 내 제자일세."

박사는 이렇게 말하며 서류를 받아 들었다.

'아니, 제자는 아니라니까요.'

다카하시는 박사의 말을 부정하는 듯 미간을 살짝 찌푸렸다.

'아, 보아하니 강제로 끌려오셨구나.'

다카하시의 표정을 알아차린 야마시타가 알 만하다는 듯한 표정을 지었다.

박사는 서류에 서명하며 말했다.

"야마시타 군은 우리 연구실에 소속된 매우 우수한 학생이라네. 습관의 3원칙도 어지간한 내용은 다 배웠으니 궁금한 게 있으면 물어보게나! 이 친구는 그 이론에 전면적으로 동의하고 있기도 하니 말이야."

"아, 어쩐지 풍기는 분위기만 봐도 우수해 보이시더라니."

거듭된 칭찬에 야마시타가 기뻐할 줄 알았으나, 뜻밖에도 그는 복잡한 표정을 지었다.

"아니, 전면적인 건 아니고…."

"아, 그랬나? 난 야마시타 군이 내 이론에 완전히 동의하는 줄 알았는데."

그러자 야마시타가 송구스럽다는 듯이 말했다.

"어, 전체적으로는 확실히 데이터를 바탕으로 수긍이 가는 부분이 많기는 하지만, 마음에 조금 걸리는 부분이 있어서요…."

"응? 어디가?"

"원칙 1의 '목표를 크게 낮춘다'라는 건 결국 '누구나 큰 목표는 달성할 수 없다'라는 전제가 깔려 있다는 생각이 듭니다."

"응, 그렇지. 데이터도 있으니."

"네. 확실히 달성하지 못하는 사람이 많다고는 생각하는데…."

야마시타는 '많은 사람이 하지 못하는 일을 할 수 있는 사람도 있다'고 생각했다.

물론 이는 '나는 다른 사람과 달리 우수하기에 할 수 있다'는 오만한 생각이 아니었다(그는 우수하면서도 매우 겸손한 청년이었다).

우수한 그의 주변에는 역시나 우수한 인재들이 많았는데, 야마시타는 그들을 보며 '어려운 목표에 적합한 사람들도 있지 않나'라고 생각하게 된 것이다.

하지만 이는 어떻게 말하느냐에 따라 자칫 오만하게 들릴 수도 있기에(심지어 초면인 사람 앞에서는 더욱) 야마시타는 좀 더 우회적인 표현을 찾으려 했다.

하지만 그때 박사가 말했다.

"아, 알겠네! 야마시타 군은 우수하니까 '남들이 하지 못하는

일도 우수한 나는 할 수 있다'고 생각하는 거로군! 하하, 자신감
이 과한 것 아닌가, 야마시타 군."

쾅!

야마시타는 그 말에 큰 충격을 받았다.

곁에서 상황을 대충 지켜보던 다카하시는 생각했다.

'아, 이래서 제자로 들어오겠다는 사람이 없는 거로구나.'

높은 목표는 당신을 더 빨리 포기하게 만든다

"아니, 하지만 사실 그 생각이 완전히 틀린 건 아니라네."

앞으로도 제자가 생기지 않을 것 같은 박사가 다시 말했다.

"네?"

"실제로 목표가 높더라도 이를 지속하는 사람은 있으니까."

"아, 그런가요? 몰랐네요. 그런 사람이 얼마나 되나요?"

야마시타는 화난 기색도 없이 차분한 어조로 물었다.

"60분 이상 걸리는 높은 목표를 세운 사람의 지속 성공률은 이
렇다네."

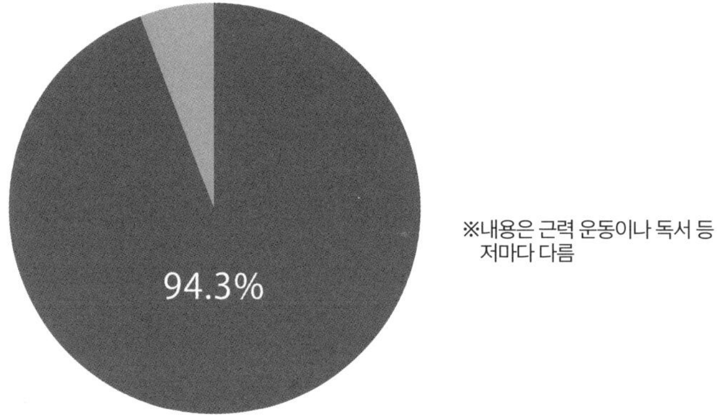

박사는 수치에 대해 설명했다.

"'30일간 지속한 비율'이 5.7퍼센트지. 이 수치는 보는 사람에 따라 해석이 갈릴 거야. '6퍼센트도 채 되지 않는다면 무모한 목표가 아닌가'라고 생각하는 사람도 있을 테고, 반대로 '나는 목표를 지속할 6퍼센트에 속할 테니 괜찮을 거야'라고 생각하는 사람도 있을걸세."

야마시타가 동의하자 박사는 다시 말을 이어 나갔다.

"하지만 바로 그 '나는 괜찮을 거야'라는 생각에는 주의해야 할 점이 있다네. 사실 이게 가장 위험한 함정이지."

함정 1. 상위 6퍼센트가 매번 성공하는 것은 아니다

"혹시 아까 본 데이터를 '상위 6퍼센트의 사람은 목표를 지속한다'고 받아들였다면 그건 잘못된 생각일세."

"어, 그런 뜻이 아니었나요?"

야마시타가 의외라는 듯이 물었다.

"그래. '끈기 있게 노력하는 것을 잘하는 사람'도 백 번이면 백 번, 늘 습관화에 성공하는 것은 아니거든. 마치 타율이 높은 타자도 매번 안타를 치는 건 아닌 것처럼 말이야. 그렇기에 앞서 본 데이터에서 목표를 지속한 6퍼센트의 사람도 다음에는 포기할 가능성이 크다네. 다시 말해 이번에 성공한 사람이 다음번에도 성공하리라는 보장은 없다는 거지."

"그럼 결국 누구든 실패할 수 있다는 말인가요?"

"그렇다네. 반대로 말하면 지금까지 늘 실패해 온 사람도 다음번에는 성공할 수 있다는 뜻이기도 하지."

"듣고 보니 확실히 그렇네요. 아… 그러니까 '상위 6퍼센트의 사람이 매번 성공하는 것'은 아니군요. 고정된 집단이 아니라는 말씀이시죠."

야마시타는 교수의 말을 순순히 받아들였다.

함정 2. 처음에는 대부분
'나는 할 수 있다'고 생각했다

"게다가 중간에 포기해 버린 94퍼센트의 사람들도 처음에는 아마 '나는 할 수 있다'고 생각했을 거라네."

"네?"

"이 데이터는 앞서 말한 습관 강화 앱에서 수집했는데, 앱 이용자는 '목표를 5분 이내에 할 수 있는 일로 설정할 것'이라는 안내를 꼭 받게 되어 있다네. 그런데도 '자신은 할 수 있으리라 생각해 60분 이상이 소요되는 목표를 설정한 사람' 가운데 94퍼센트 이상이 중간에 포기해 버렸다는 거지."

박사는 스마트폰을 캡처한 화면을 보여 주었다.

"…여러모로 생각이 많아지네요. 사람이 '할 수 있다고 상정하는 수준'과 '실제로 할 수 있는 수준'에는 차이가 있다는 뜻이겠지요. 그것도 상당한 차이가요."

"그렇지. 어떤 일을 지속하는 힘이란 평소에 자신이 생각하는 것보다 훨씬 약하다네. 우리는 자신의 의지력을 과대평가하는 경향이 있거든."

박사는 설명을 이어 나갔다.

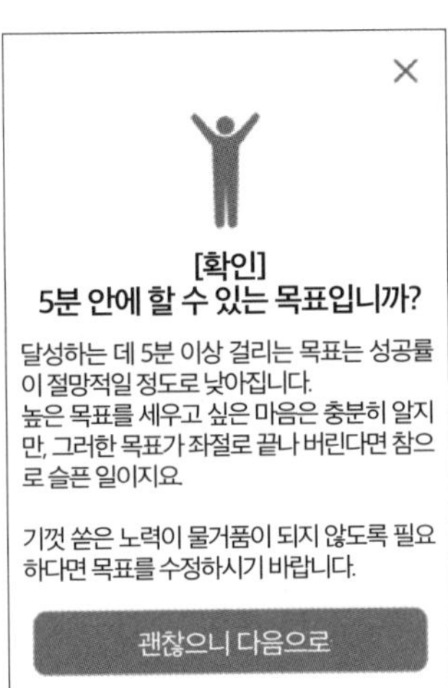

"물론 높은 목표를 세우는 게 나쁜 것만은 아닐세. 그만큼 그 사람의 향상심을 드러내는 것이기도 하니까. 하지만 '갑자기 높은 목표를 세우면 좌절한다'는 건 아무래도 인간이라는 생물이 지닌 공통된 성질이 아닐까 싶네. 아무리 뛰어난 사람이라도, 아무리 의지가 강한 사람이라도, 우수한 사람도 예외는 아니야."

"그렇군요. 그렇다면 누구나 작은 목표부터 차근차근 시작하는 게 유리하겠네요. 결국 방법론의 문제였던 거군요."

야마시타는 이번에도 박사의 말에 순순히 수긍했다.

그 모습을 곁에서 지켜본 다카하시는 내심 감탄하며 이렇게 생각했다.

‘그래. 우수한 사람이란 인간에게 통용되는 법칙에서 벗어난 예외적이고 특수한 사람이 아니야. 변하지 않는 사실이 무엇인지 정확히 이해하고 이에 대비하는 대책을 세우는 사람이지. 자신을 바꿈으로써 모두에게 적용되는 법칙을 극복하고 자신이 원하는 결과를 거두어 나갈 수 있는 거야. 법칙을 거부하는 게 아니라 법칙을 활용하는 거지.’

“덕분에 이제야 이해가 갔습니다. 감사합니다.”

야마시타는 개운해진 표정으로 박사에게 공손히 감사 인사를 전했다.

그러더니 다카하시를 돌아보며 말했다.

“갑자기 들어와서 너무 오래 대화를 나눠 죄송합니다. 습관의 3원칙은 배울 점이 매우 많은 이론이니 열심히 하시길 바랍니다. 저도 많은 도움을 받았거든요.”

“네? 아, 앗, 네!”

놀라울 정도로 공손한 청년의 태도에 압도당한 다카하시가 어색하게 대답하자 야마시타는 가볍게 고개를 숙여 인사하더니 연구실을 나갔다.

▹ '6퍼센트가 성공한다는 것'은 '상위 6퍼센트의 사람이 매번 성공한다'는 의미가 아니다.

▹ '갑자기 높은 목표를 세우면 좌절한다'는 인간의 성질은 변하지 않는다.

▹ 그러나 '작은 목표부터 시작한다'와 같이 전략을 바꿀 수는 있다.

'더 빨리 성장할 수는 없을까?'

"참 반듯한 청년이네요."

야마시타가 연구실을 나가자 다카하시가 말했다.

"그렇다네. 머리도 좋고, 윗사람한테 예의도 바른 친구지."

하지만 어째서인지 박사는 불만스러워 보였다.

"야마시타 군과 함께 있으면 내가 형편없는 인간처럼 보인단 말이지. 억울한 마음에 얼마 전 연구실 사람들이 모인 술자리에서 야마시타 군의 호감도를 낮추려고 험담을 했는데 오히려 내가 나쁜 사람처럼 되어 버렸지 뭔가. 그런데 야마시타 군이 '박사님도 나쁜 뜻으로 하신 말씀은 아니니까요'라며 나를 감싸는 바람에 내가 더 형편없는 인간이 되어 버려서⋯."

그때의 기억이 떠올라 다시 울컥했는지 박사는 '아, 진짜 저 야마시타 군은…'이라며 투덜거렸다.

다카하시는 박사와 야마시타 사이에서 큰 인품의 차이를 느꼈지만 조용히 입 다물고 있기로 했다.

더 빨리 가고 싶은 마음의 함정

"그건 그렇고, 혹시 다른 질문이 있나?"

인품이 많이 떨어지는 박사가 물었다.

그 말에 그저 그런 인품의 소유자인 다카하시가 대답했다.

"글쎄요. 저런 우수한 청년 다음으로 말을 꺼내려니…."

"에이, 그런 건 신경 쓸 필요 없네! 나도 이렇게 당당한데, 자네가 신경 쓸 필요가 뭐가 있겠나!"

그 말에 '듣고 보니 그렇네'라는 생각이 든 다카하시가 다시 말을 꺼냈다.

"지금까지 '목표는 낮게 잡는 게 좋다'는 이야기를 들으면서 박사님의 설명에 전부 수긍했지만, 그래도 여전히 마음 한편에 '목표를 좀 더 높게 잡는 것이 좋다'는 생각이 남더라고요."

"아, 그건 좀 더 빨리 결과를 얻고 싶은 마음 때문이 아니겠나.
즉, 이런 거지."

의외로 이해가 빠른 박사가 화이트보드에 글을 써 내려가기
시작했다.

· 매일 5분 → 1시간을 할 때까지 12일이 걸린다.

· 매일 1시간 → 1시간을 하는 데에 하루밖에 걸리지 않는다.

· 그러므로 매일 1시간씩 꾸준히 하면 12배나 빠르게 결과를 얻을 수

  있다.

"바로 그거예요! 동영상을 배속 재생하듯이 12배 더 빠르게
결과를 얻을 수 있을 것 같으니까요."

다카하시는 박사가 자신의 심정을 알아준 것 같아 격한 반응
을 보였다.

그러나 박사는 냉정한 어조로 말했다.

"하지만 이 계산에는 치명적인 오류가 있다네."

5분을 목표로 하면 10분,
1시간을 목표로 하면 0분이 된다

"'목표 시간'과 '실제 행동 시간'은 다르다네. 조금 차이가 나는 정도가 아니라 완전히 다르다네."

"아, 앞서 '목표 시간을 5분으로 잡으면 결국 10분을 하게 된다'라는 이야기도 했으니까요. 하지만 그 정도의 차이는 미미한 수준이 아닌지…."

다카하시는 박사의 말에 쉽게 수긍하지 못했다.

"자, 그럼 구체적인 기록을 살펴보세. 예전에 '매일 1시간씩 근력 운동 하기'를 목표로 세운 학생이 있었는데, 그 학생이 실제로 몇 분간 운동했는지 그 기록(104쪽 표)을 받아 두었다네."

박사가 컴퓨터 모니터에 표를 띄웠다.

"어, 역시 중간에 포기한 건가…. 도중에 다시 해보려고 한 게 현실적이네요."

다카하시는 그 기록에 자신의 모습이 겹쳐 보이는 것 같아 적잖이 충격을 받았다.

"자, 이번에는 목표를 낮게 잡은 사람의 기록(105쪽 표)을 한번 보게나."

'매일 1시간 근력 운동 하기'를 목표로 세운 사람

	메모	실제 근력 운동 시간
1일차	의욕에 가득 차 열심히 운동했다.	60분
2일차	몸이 조금 뻐근했지만 포기하지 않았다. 칭찬해.	60분
3일차	오늘은 너무 바빴지만 의지로 해내고 말았다! 정말 대단해.	60분
4일차	아무래도 너무 열심히 했나. 피로감이 너무 심해서 하루만 쉬기로 했다. 내일은 꼭 해야지.	0분
5일차	어제 쉰 만큼 오늘은 열심히 하려고 했는데, 도무지 힘이 나지 않아 도중에 그만두었다.	30분
6일차	오늘도 바빴다. 오늘은 쉬고, 내일부터 다시 열심히 해야지.	0분
7일차	오늘은 운동할 마음이 나지 않네.	0분
8~30일차	가끔 생각날 때 조금 한 적은 있지만, 처음 며칠 동안 한 것만큼 열심히 하지는 못했다.	합계 60분

한 달 누계: 270분(4시간 30분)

'매일 5분간 근력 운동 하기'를 목표로 세운 사람

	메모	실제 근력 운동 시간
1일차	'5분만 하자'라고 생각했더니 의욕이 생겨서 10분 추가했다.	15분
2일차	첫날만큼은 아니지만 역시 예정보다 더 오래 했다.	10분
3일차	피곤해서 딱 5분만 하고 그만두었다.	5분
4일차	몸 상태가 좋아 조금 더 했다.	10분
5~30일차	이후로도 페이스를 바꾸지 않고 조금씩이나마 꾸준히 했다.	매일 10분

한 달 누계: 300분(5시간)

"아, 하지만 그렇게 큰 차이가 없지 않나요? 실제로 운동한 시간을 따져 보면 '1시간을 목표로 한 사람'이 4시간 반을 했고, '5분을 목표로 한 사람'은 5시간을 했잖아요."

다카하시는 박사의 말을 제대로 받아친 것 같아 기분이 조금 좋아졌다.

그러나 박사는 여전히 차분한 표정으로 말했다.

"한 달 시점에서는 그렇지. 하지만 '매일 5분 운동'이 습관화되면 차이가 계속 벌어지겠지.”

“아….”

“만약 ‘매일 5분’을 목표로 한 사람이 같은 페이스로 근력 운동을 지속하고, ‘매일 1시간’을 목표로 했다가 포기한 사람이 다시 도전하지 않는다면 1년 뒤에는 아마 두 사람의 격차가 이만큼 벌어지겠지.”

“차이가 엄청나네…. 이건 완전히 다른 인생이잖아요.”

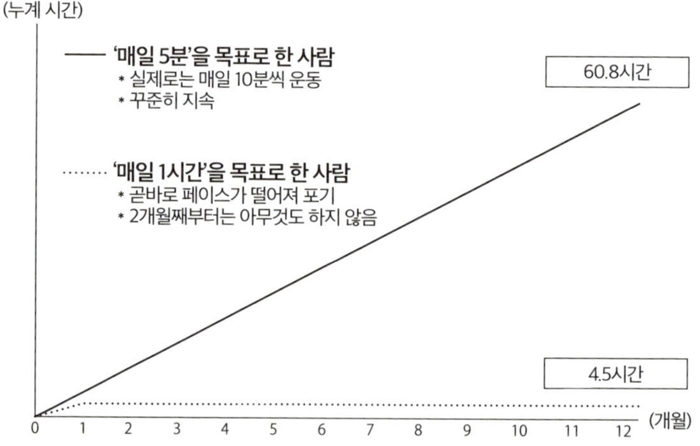

박사는 설명을 이어 나갔다.

"게다가 운동을 지속하다 보면 습관으로 완전히 정착해 더 어려운 목표도 지속할 수 있게 되겠지. 그러니 실제로는 이보다 더 격차가 벌어지는 일도 드물지 않을 걸세."

"그렇군요. 결과를 중시할수록 조바심 내지 말고 기초부터 탄탄히 다지는 게 중요하겠네요. 기초가 튼튼하지 않은 성은 오래 버티지 못하는 것과 마찬가지인가. 빠르게 가려면 천천히 가야 한다는 역설이군요."

다카하시는 자존심이 상했지만 인정할 수밖에 없다는 듯이 이렇게 중얼거렸다.

"젠장, 한 방 먹었네."

▹ '목표를 무리하게 크게 잡아도 실제 행동량은 커지지 않는다.

▹ 오히려 중간에 포기하게 되어 결국 0이 되어 버린다.

▹ '무리한 목표를 세웠다가 포기하는 사람'과 '작은 목표를 지속하는 사람'의 격차는 날이 갈수록 벌어진다.

“자, 이로써 원칙 1에 대한 설명을 모두 마쳤네. 오늘은 이 정도로 하고, 나머지는 다음에 또 듣겠는가?”

박사가 눈앞에 놓인 서류를 접었다 펴며 말했다.

확실히 처음보다 집중력이 떨어져 보였다.

“그렇게 하지요!”

마찬가지로 집중력이 바닥나 있던 다카하시가 박사의 말에 고개를 끄덕였다.

“자, 그럼 다음에는 한 달 후쯤에 볼까. 그때까지 원칙을 잘 실천해 보게나.”

“알겠습니다!”

다카하시는 가방을 들고 일어서더니 “후후, 그런데 말이지요.” 라고 입을 열었다.

“오늘만 해도 배운 게 너무 많아서 이러다 갑자기 습관화에 성공하는 게 아닌지 모르겠어요. 그러면 다시 왔을 때, 다음 강의를 들을 필요가 없어져 버릴 텐데요. 이거 참 큰일이네요! 하하.”

그런 희망적인 관측을 내놓으며 가슴이 설렌 다카하시는 잔뜩 신이 난 채 돌아갔다. 문밖으로 멀어지는 그의 발걸음 소리는 마치 당장이라도 세상을 바꿀 사람처럼 경쾌하고 위풍당당했다. 아마 지금 당장 집에 가서 완벽한 미래 설계도를 그리며 의욕을 불태울 것이 분명했다.

그 모습을 지켜보며 박사는 중얼거렸다.

"왜 이러지…. 제대로 가르치긴 했는데, 어쩐지 매우 불안하네. 원칙1은 분명 목표를 '낮추는' 것이었건만 저 친구는 벌써부터 '완벽한 성공'이라는 거대한 목표를 머릿속에 집어넣은 모양이야. 저렇게 넘치는 의욕이야말로 습관 형성의 가장 큰 적이라는 걸 과연 이해한 걸까…."

박사는 다카하시가 남기고 간 찻잔 속의 식어버린 찻물을 멍하니 바라보았다.

움직일 수 있을 때 떠올린다

"그래서 원칙 1은 실천해 봤나?"

한 달 뒤, 다카하시는 다시 박사의 연구실을 찾아왔다.

손님용 탁자에는 녹차가 담긴 찻잔과 다카하시가 들고 온 김 전병이 놓여 있었다.

"해봤어요! 일단 영어 공부를 시작했는데…."

다카하시는 이렇게 말하더니 그간의 일을 설명했다.

"그렇게 '목표를 낮추라'라는 말을 들었는데도 처음에는 부족하다는 생각이 자꾸만 들더라고요. 하지만 꾹 참고 '5분만 공부하기'로 목표를 세웠어요. 잘했지요? 그렇게 했더니 며칠이 지나도 '고작 5분인데'라는 생각이 들어 꾸준히 공부할 수 있었어요.

예전 같으면 포기하고도 남았을 무렵까지 지속했으니 쾌거라 할
수 있지요.”

못 하는 게 아니라 ‘언제 하느냐’의 문제다

“오, 잘했네! 그럼 다음 강의를 더 들을 필요가 없는 건가?”

박사가 김 전병을 오도독오도독 씹으며 물었다.

“아니, 그게… 사실은 그랬는데도 결국 중간에 포기하고 말아
서요….”

다카하시가 고개를 푹 숙였다.

한 달 전에 그렇게 호언장담을 하고 돌아가서 그런지 쉽사리
말을 꺼내지 못했다.

김 전병도 거의 먹지 못했다.

“예전보다는 많이 나아진 것 같은데 어째서인지 몸이 꿈쩍도
하지 않을 때가 있더라고요. 그런 날은 5분도 움직일 수가 없었
어요.”

“그렇구먼.”

박사는 이렇게 중얼거리더니 차를 홀짝였다.

그러더니 다카하시에게 한 가지 질문을 던졌다.

"자네는 공부를 언제 하기로 했었나?"

"네? 언제요? 어… 평일에는 저녁에 집에 돌아온 후에 생각나면 했고, 휴일에는 오전에 하거나 오후에 할 때도 있었어요."

다카하시는 멍하니 대답했다.

그 말에 고개를 끄덕인 박사는 양손을 마주 잡더니 진지한 표정으로 말했다.

"다카하시 군. 자네에게는 아직 숨겨진 가능성이 있다네."

박사는 그렇게 말하며 씩 웃었다.

박사는 '되었다!'라며 내심 만족스러워했지만 이에는 김이 붙어 있었다.

'언제 하느냐'가 성공을 좌우한다

박사는 여전히 앞니에 김을 붙인 채로 설명을 이어 나갔다.

"다음 원칙은 다카하시 군의 지속 성공률을 크게 올려 줄 거라네. 원칙 2는 타이밍에 관한 내용이야."

"타이밍이 중요하긴 하지요."

희망이 있어 보이는 이야기에 다카하시는 조금씩 기운을 되찾았다. 방금 전까지 가라앉았던 표정에도 미묘한 변화가 생겼다.

"그래, 습관화도 타이밍이 매우 중요하다네. 똑같은 행동을 해도 몸이 꿈쩍도 하지 않는 '괴로운 타이밍'과 좀 더 쉽게 움직여지는 '편한 타이밍'이 있거든."

"먼저 사람은 몸이 푹 퍼져 있을 때 좀처럼 행동에 나서기가 여간 쉽지 않지.”

“몸이 푹 퍼져 있을 때라…. 침대에 누워 뒹굴뒹굴할 때처럼 말인가요?”

“그렇지! 그래, 내가 한번 시범을 보여주지. 김 전병도 받았으니 말이야.”

“아니, 괜찮은데요! 그러실 필요 없어요!”

“일단 이렇게!”

다카하시가 다급히 말리려 들었으나, 박사는 이미 연구실 소파에 드러누운 상태였다.

“그리고 또 이렇게!”

몸이 푹 퍼진 상태의 인간

박사는 바삭한 김 전병을 깨물었다.

그러자 전병 부스러기가 사방에 떨어졌다.

"그다음에는 이렇게!"

박사는 휴지로 손을 닦더니 휴지를 뭉쳐 조금 떨어진 쓰레기통을 향해 던졌다.

그러나 휴지는 쓰레기통 근처에도 못 갔다.

박사가 연달아 '그렇지!'라든가 '좋아!'라고 외치며 휴지를 계속 던져댔지만 그마저도 쓰레기통 근처에도 못 가고 그대로 떨어졌다.

"이런 상태를 보면 무슨 생각이 드나?"

소파에 드러누운 채 박사가 물었다.

그 말에 다카하시는 생각했다.

'솔직히 소파에 드러누워서 과자를 먹는 아저씨는 보고 있기가 힘드네. 게다가 휴지 뭉치를 쓰레기통에 넣지도 못하고. 자기 통제력이라고는 없는 사람처럼 한심해 보인달까.'

몸이 퍼진 순간 행동은 멈춘다

그런 생각을 하고 있는데 박사가 자리에서 일어났다.

"이럴 때, 근력 운동이나 공부는 못 할 것 같지 않나?"

"네?"

머릿속에 떠오른 생각과는 전혀 다른 질문에 다카하시는 순간적으로 놀랐다.

"아, 그렇지요! 그러기는 어렵겠지요."

"그렇다네. 그리고 누구나 이런 상태일 때가 있지."

"…아!"

화들짝 놀란 다카하시는 짐짓 모른 척했던 나태한 자신의 모습을 돌아보았다.

"그러고 보니 저도 침대에 누워 스마트폰을 들여다보고 있을 때는 단지 '쓰레기통이 멀다'는 이유만으로 쓰레기 버리는 걸 포기하기도 했어요."

박사는 그 말에 동의하더니 설명을 이어 나갔다.

"쓰레기를 버리는 일조차 포기할 만큼 몸이 푹 퍼져 있을 때는 공부나 근력 운동 같은 것을 도저히 할 수 없겠지? 그러니 '몸이 푹 퍼져 있을 때'를 피해서 행동하는 것이 중요하다네."

"무슨 말인지 알겠어요."

다카하시는 고개를 끄덕였다.

그러나 다카하시는 이내 불안한 표정을 지었다.

"하지만 그렇게 푹 퍼져 있는 시간이 없으면 저는 살아가기가 너무 힘들 것 같은데요. 그런 시간이 하루의 낙인데."

"아, 그렇게 푹 퍼져 있는 시간을 갖는 것 자체는 괜찮다네."

박사는 말했다.

"오히려 그렇게 쉴 수 있는 시간이 있는 편이 좋지. 휴식도 필요하니까. 다만 습관화하고 싶은 행동은 그 시간을 피해 하는 것이 좋다는 이야기일 뿐이니 안심하게나."

"아, 그것참 다행이네요."

다카하시는 누가 봐도 안심한 표정을 지었다.

같은 행동을 해도 타이밍에 따라 차이가 난다

"타이밍에 관한 데이터도 있다네. '공부하기'라는 목표를 똑같이 세우더라도 행동하려는 타이밍에 따라 지속률이 달라지지."

박사는 컴퓨터 모니터에 자료를 띄웠다.

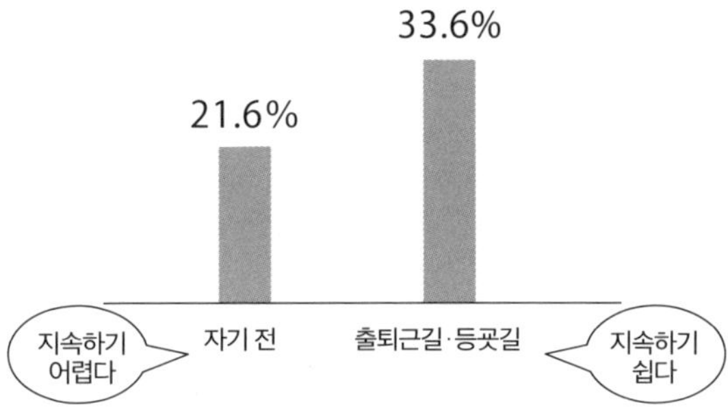

(표본 수: 823명, 집계 기간: 2021년 1월 1일~2021년 12월 31일)

"어, 생각보다 차이가 꽤 벌어지네요. 거의 1.5배 차이잖아요. 나도 출퇴근길에 공부할까."

"아, '출퇴근길에 하는 것이 좋다'라는 식의 구체적인 타이밍은 사람마다 다를 수 있다네. 뒤에서 좀 더 자세히 설명할 테니 일단 '타이밍에 따라 지속률이 변한다'는 사실만 기억해 두게."

"그렇군요. 알겠습니다."

이야기가 일단락되자 다카하시는 이제 마음 편히 김 전병을 향해 손을 뻗으려고 했다.

그러나 김 전병이 딱 한 개 남았다는 사실을 알아차린 다카하시는 잠시 머뭇거렸다.

바로 그 순간 박사의 오른손이 허공을 갈랐다. 그러더니 조금의 망설임도 없이 마지막 남은 전병을 잽싸게 가로챘다.

"어, 아니!"

박사는 김 전병을 오도독 씹으며 말했다.

"이길 수 있는 찰나의 기회를 놓친 자에게 '다음'은 오지 않는다네. 이것이 바로 타이밍이지."

'그, 그런 건가. 타이밍이란 정말 중요하구나.'

어안이 벙벙해진 다카하시는 잠시 그렇게 생각했지만 이내 생각을 고쳐먹었다.

'아니야, 마지막 남은 하나를 먹는 건 타이밍이 아니라 인간성의 문제라고.'

POINT

▹ 똑같은 행동을 하더라도 '편한 타이밍'과 '괴로운 타이밍'이 있다.

▹ 사람은 '몸이 푹 퍼져 있을 때' 행동할 수 없다.

▹ 행동하는 타이밍을 바꾸면 지속 성공률을 올릴 수 있다.

사람은 잊는다,
그래서 전략이 필요하다

"그런데 말일세, 다카하시 군."

박사가 말했다.

"사람은 어째서인지 잊고 싶은 것만큼은 오히려 잊지 못한단 말이지."

다카하시도 그 말에 동의했다.

"맞아요. 저도 과거를 돌이켜 보면 죄다 잊고 싶은 부끄러운 기억밖에 없는데 말이에요."

"그래, 그렇지."

다카하시만큼이나 부끄러움이 많은 삶을 살아온 박사는 고개를 크게 끄덕였다.

그러더니 박사는 '한데'라며 말을 이어 나갔다.

"또 잊으면 안 되는 것은 너무나도 쉽게 잊어버린단 말이야."

타이밍이 맞지 않으면 행동은 무력하다

박사는 본론에 들어갔다.

"습관화하고 싶은 일도 사람은 쉽게 잊어버리지."

"맞아요, 근력 운동을 하려다 깜빡한다든가 할 때가 있지요."

다카하시의 말에 박사는 고개를 끄덕이며 말을 이어 나갔다.

"게다가 더 골치 아픈 건 생각이 나도 행동하지 못할 때가 있다는 거야."

"어, 그런가요?"

다카하시는 잘 모르겠다는 표정을 지었다.

"예를 들어 '출근 전에 스쾃을 하기'로 마음먹은 사람이 사무실에 도착한 후에야 '아, 깜빡했다'라고 뒤늦게 생각해 내도 곧바로 스쾃을 할 수는 없겠지? 이제 곧 업무 시간이니 말이야."

"아, 그건 그렇지요."

다카하시가 고개를 끄덕이자 박사는 결론을 말했다.

"즉, 실제로 우리가 어떤 행동을 하려면 그것을 '행동할 수 있는 타이밍'에 떠올릴 필요가 있다는 거야."

하루 대부분은 '실행 불가' 시간

"하지만 '행동할 수 있는 타이밍'은 의외로 짧다네. 공부를 예로 들어볼까. 자네가 '공부할 수 있는 때'는 아마 대충 이렇겠지?"

박사는 화이트보드에 표를 그리더니 빈칸을 색칠해 나갔다.

"그렇죠."

다카하시는 표를 바라보며 고개를 끄덕였다.

"요일에 따라 차이는 조금 나지만, 대충 맞는 것 같아요. 이렇게 정리해 놓고 보니 확실히 공부할 수 있는 시간이 매우 짧네요. 하루 중에 겨우 두세 시간밖에 안 되잖아요."

"그래. 매일 이처럼 한정된 시간 안에 '공부해야지'라는 생각을 계속 떠올리지 않으면 공부가 습관화될 수 없지."

박사는 덧붙여 말했다.

"심지어 '몸이 푹 퍼져 있을 때'를 피해 몸이 잘 움직이는 순간에 해야 하지."

"그렇구나."

다카하시는 고개를 끄덕이며 습관화가 얼마나 어려운 일인지 곱씹어 보았다.

"매일 그래야 한다면 아무런 전략 없이 그저 우연히 할 수 있는 일이 아니겠네요. 완전히 운에 맡기는 셈이군요."

"그래. 전략을 제대로 세우지 않으면 단지 '잊는 것'만으로도 습관화에 실패하지. 그게 사람들이 모르는 습관화의 함정이야."

'행동할 수 있는 타이밍'은 의외로 짧다(예)

시각	0시	1시	2시	3시	4시	5시	6시	7시	8시	9시	10시	11시
하는 일	취침								외출 준비	★	업무	

시각	12시	13시	14시	15시	16시	17시	18시	19시	20시	21시	22시	23시
하는 일	식사	업 무							식사	★		졸려서 공부를 할 수 없음

→ 공부를 할 수 있는 때는 ★가 표시된 시간뿐이다.

"음… 그런 함정이 있을 줄이야. 습관화는 온통 함정투성이로 군요."

하지만 이런 다카하시의 중얼거림에 박사는 "걱정하지 말게." 라고 답했다.

"정확한 위치를 알면 함정을 메우기는 쉬우니까."

POINT

▹ 사람은 습관화하고 싶은 일도 잊어버린다.

▹ 생각이 나도 '행동할 수 있는 타이밍'이 아닐 때는 행동으로 옮기지 못한다.

▹ 하루 중에 '행동할 수 있는 타이밍'은 의외로 적다.

몸이 저절로 움직이는
'결정적 타이밍'을 찾아라

"자, 그럼 이제 대책을 알아볼까. 먼저 '편하게 움직일 수 있는 타이밍'을 파악해야 하네."

"오호."

"후후, 이를 설명하기에 좋은 소도구가 하나 있지."

박사는 책상 밑에 달린 큰 서랍에서 무언가를 꺼냈다.

레고였다.

박사는 레고 블록이 가득 담긴 상자와 레고로 만든 작은 방을 책상 위에 올려놓았다.

침대가 있고 욕조와 화장실 공간이 분리된 1인 가구용 방처럼 보였다.

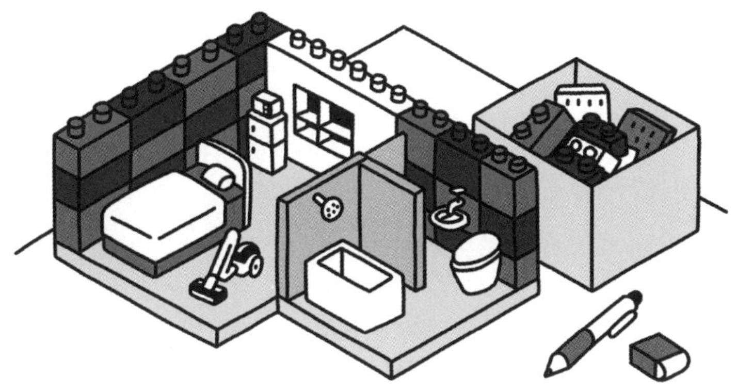

"내가 만든 방인데 어떤가?"

박사가 의기양양하게 물었다.

다카하시는 몸을 앞으로 기울여 찬찬히 들여다보았다. 그냥 취미 수준이 아니라 상당히 공을 들인 것 같아 보였다. (전자레인지나 청소기 같은 자잘한 도구도 모두 레고 부품으로 설치되어 있었다.)

"어, 세세한 부분까지 신경을 많이 쓰신 것 같은데요."

다카하시가 대답하자 박사가 흡족해하며 말했다.

"자네가 보기에도 역시 그런가?"

다카하시는 습관화 연구를 하는 박사가 레고에 크게 몰두한다는 사실이 어딘지 모르게 친근하게 느껴지기도 했고 살짝 걱정이 되기도 했다.

하고 싶은 행동을 '끼워 넣어라'

"일단 '몸이 푹 퍼져 있을 때'는 어떤 행동을 하기가 쉽지 않으니 그때는 피하는 것이 좋아."

박사는 레고 인형을 침대에 눕히더니 인형의 손에 스마트폰 부품을 끼웠다.

'몸이 푹 퍼진 상태'를 표현한 듯했다.

"여기서 알아야 할 의외의 사실이 한 가지 있는데, 사실 우리는 '푹 퍼진 상태에서 벗어나 활동하는 시간'이 생각보다 꽤 길다는 거야."

"어, 정말 그런가요? 저는 집에서는 계속 푹 퍼져 있는 것 같은데요."

다카하시는 박사의 말에 고개를 갸웃거렸다.

"하지만 말일세."

그 모습을 본 박사는 계속 말을 이어 나갔다.

"그런 자네도 밥을 차리거나 집 안을 치우거나 샤워를 하겠지? 그리고 적어도 외출하기 전에 기본적인 몸단장은 할 거야. 안 그런가?"

박사는 레고 인형을 부엌이나 욕실로 움직였다.

"아, 그건 그렇지요. 박사님 말씀을 듣고 보니 의외로 움직이는 시간이 많네요."

"그렇지. '생활에 꼭 필요한 행동'이 많다 보니 사실 우리는 생각보다 꽤 많은 시간 동안 활동한다네. 그리고 그 시간은 습관화를 돕는 좋은 기회가 되지."

"네? 왜요?"

"활동하는 동안에는 우리 몸이 '푹 퍼진 상태'에서 벗어나기 때문이라네. 침대에 누워 뒹굴뒹굴하고 있을 때는 만사가 귀찮지만, 샤워하러 일어날 때는 방에서 나가는 김에 쓰레기를 쓰레기통에 버릴 마음이 들지 않는가."

몸이 푹 퍼져 있을 때는 움직일 수 없다.

어떤 일을 하는 김에 한다면 몸을 움직일 수 있다.

박사는 침대에 눕혀 두었던 인형을 일으켜 마치 욕실 쪽으로 걸어가듯이 움직여 보였다.

박사의 말을 듣고 보니 욕실로 가는 길에 쓰레기통 부품이 설치되어 있었다.

"아, 그럴 수도 있겠네요. 이미 몸이 움직이고 있으니까요."

"이때가 '몸이 푹 퍼진 상태'에서 벗어난 순간이지. 이런 타이밍을 노려 자신이 습관화하고 싶은 행동을 하면 된다네. 그러면 귀찮다는 생각이 들기 전에 몸이 자연스레 움직일 거야."

"오호! 그것참 좋은 작전이네요."

박사의 말에 크게 감명을 받은 다카하시는 갑자기 레고로 만든 방에 서 있는 레고 인형이 게으른 자신보다 훌륭한 사람처럼 보이기 시작했다.

'오전 중'이나 '밤'에는 하지 않는다

"참, 내가 이렇게 설명하면 '그래, 오전 중에 공부해야지'라든가 '밤에 근력 운동을 해볼까'라는 식으로 목표를 세우는 사람이 있는데, 나는 그 방법을 별로 권하지 않는다네."

박사는 레고 블록을 짤그락거리며 말했다.

"'어떤 일의 전후'가 아니라서 그런가요?"

"오! 이해가 빠르구먼, 다카하시 군."

"에이, 아닙니다."

칭찬을 받자 다카하시는 쑥스러워했다.

"중요한 것은 '밤' 같은 시간대가 아니라 '샤워 후'처럼 습관화하려는 행동의 계기가 될 타이밍이라네."

박사는 이렇게 말하더니 자신의 말을 뒷받침할 데이터를 제시했다.

시간대만 정하면 실패하기 쉽다

10일간 지속률

'어떤 일의 전후'에 하기로 정한 사람 (예: 저녁 식사 전후)	37.2%
'오전 중'이나 '밤'처럼 시간대만 정한 사람	26.1%

(표본 수: 4,030명, 집계 기간: 2021년 1월 1일~2021년 12월 31일)

'최적의 타이밍'은 언제인가

"그럼 구체적인 타이밍의 예를 소개해 보겠네. 다만 본인이 느끼는 '편한 타이밍'은 사람마다 다 다를 수 있으니 그저 참고만 하게."

"네, 알겠습니다."

박사는 상자에서 레고 인형을 여러 개 꺼내더니 욕실이나 현관 앞과 밖, 식탁 옆 등에 놓았다.

그러고는 다음과 같은 구체적인 타이밍에 관해 설명했다.

행동하기 쉬운 타이밍의 예

· 일어나자마자 바로

· 아침·저녁 식사 전후(점심 식사는 외부에서 하는 경우가 많아 식사 전후에 행동하기가 쉽지 않으므로 피한다.)

· 외출 전

· 출퇴근길·등굣길

· 집에 돌아오자마자 바로

· 샤워·목욕 전후

· 자기 전

"흠, 생각보다 꽤 많네요."

"그렇지? 이 가운데 자신의 체질이나 목표에 맞는 타이밍을
선택하면 된다네. 예를 들어 자네는 딱 봐도 아침에 일찍 일어나
기 힘들어 보이는구먼."

박사는 사람을 겉모습으로만 판단했다.

행동하기 쉬운 타이밍을 찾아보자

"네, 일어나는 게 고역이에요."

하지만 다카하시는 역시 겉으로 보이는 게 다인 남자였다.

"그런 자네에게 '아침에 일어나 바로 공부하기'라는 목표는 무리겠군."

"아, 아마 그렇겠지요."

"그리고 목표에 따라서도 다르겠지. 예를 들어 강도 높은 근력 운동을 할 거라면 샤워 후보다 전이 낫겠지. 기껏 샤워하고 나왔는데 근력 운동을 하면 또다시 땀을 흘릴 테니까."

그렇게 한참 박사의 설명이 이어지는 동안 다카하시는 다음과 같은 구체적인 예를 배웠다.

"메모해도 될까요?"

다카하시는 박사에게 이렇게 물은 뒤 그 내용을 스마트폰에 메모했다.

피해야 할 타이밍

· 늘 녹초가 되어 집에 돌아오는 사람 ⋯ 귀가 직후(피곤해서 움직이지 못한다.)

· 공부하고 싶은 사람 ⋯ 자기 전(머리가 멍해지는 사람이 많다.)

· 강도 높게 운동하고 싶은 사람 ⋯ 식후(소화 중이기 때문에 몸에 부담이

간다.)

· 강도 높게 운동하고 싶은 사람 ··· 샤워·목욕 후(땀이 나버린다.)

· 아침 일찍 일어나기 힘든 사람 ··· 일어나자마자 바로(머리가 멍한 상태
  다.)

좋은 타이밍

· 근력 운동 ··· 샤워 전(땀을 흘려도 안심이다.)

· 근력 운동 ··· 식사 전(식후에 하는 것이 좋지 않으니 그 전에 한다.)

· 공부 ··· 식사 전후(공부는 식후에도 할 수 있는 사람이 많다.)

· 공부 ··· 출퇴근길·등굣길(사람이 많은 전철 안에서는 음성 교재를 활용하
  는 게 좋다.)

· 스트레칭 ··· 샤워 후(몸이 따뜻해진 상태에서 근육이 더 잘 이완된다.)

· 정리 정돈 ··· 샤워 전후(심신을 깨끗이 하고 난 뒤에는 방도 깨끗이 한다.)

"이런 식일까요?"

다카하시는 작성한 메모를 박사에게 보여 주었다.

내용이 의외로 잘 정리되어 있어 박사는 솔직히 감탄했다.

"훌륭해! 역시 내 후계자는 다카하시 군밖에 없다니까."

다카하시는 지나치게 열심히 한 것을 후회했다.

▸ '어떤 일을 하기 전후'의 타이밍을 노리면 자연스레 행동으로 옮기기 쉽다.

▸ 시간대가 아니라 행동의 계기가 될 '타이밍'을 고민한다.

▸ 움직이기 쉬운 타이밍은 행동할 내용이나 개인의 체질에 따라 다를 수 있다.

'잊을 수 없는 환경'을
설계하라

"자, 이렇게 '편하게 움직일 수 있는 타이밍'을 알았다면 이제
는 그 타이밍에 목표를 떠올릴 필요가 있겠지."

"네."

"음, 목표를 떠올리는 방법은 여러 가지지만, 그중에 가장 간
단한 방법은 이거려나."

박사는 호주머니에서 스마트폰을 꺼내더니 리마인더 애플리
케이션을 열었다.

방법 A. 시간으로 떠올리기 with 리마인더

"먼저 자신에게 '편한 타이밍'이 대략 몇 시 정도인지를 생각해 보게."

"어, 예를 들어 제가 '샤워 전에 근력 운동 하기'를 한다고 하면… 아마 대략 저녁 8시 정도일 것 같은데요."

"음, 그런 식이겠지. 그러면 이제 그 시각에 일정을 매일 반복적으로 알려 줄 리마인더를 설정하면 되네."

"됐다."

다카하시는 리마인더를 설정하고 나서 외쳤다.

"생각보다 간단한데 과연 이것만으로 효과가 있을까요?"

"그렇다니까. 리마인더의 효과는 절대적이라네. 앞서 소개한 습관 강화 앱에서 알림 기능을 켠 사람은 알림 기능을 끈 사람보다 지속 성공률이 4.47배나 높았다네."

"헉! 굉장한 차이네요. 거의 5배나 되잖아요!"

다카하시는 눈이 휘둥그레졌다.

"게다가 이 데이터는 단순히 '알림 기능을 켠 사람'과 '알림 기능을 끈 사람'을 비교한 것뿐이니 적확한 타이밍에 알림을 받는다면 그 차이가 훨씬 벌어지겠지."

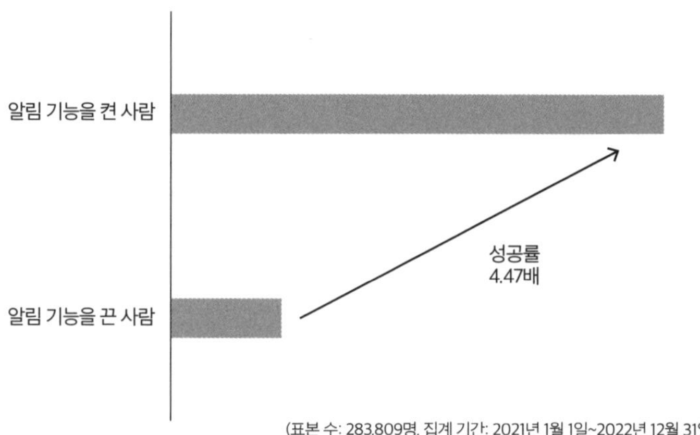

그 말에 다카하시가 놀랍다는 듯이 말했다.

"리마인더는 별것 아니라 생각했는데 알고 보니 정말 대단한 기능이었네요. 이런 간단한 것이 이렇게 큰 효과를 낼 줄이야."

방법 B. 장소로 떠올리기 with 물건

"참고로 행동을 떠올리는 것은 굳이 스마트폰을 사용하지 않아도 할 수 있다네."

"네? 어떻게요?"

"예를 들어 '샤워하기 전에 근력 운동 하기'와 같은 방식으로 정하면 되지."

박사는 레고로 만든 방의 욕실 앞에 덤벨 모양의 부품을 올려놓았다.

"아하, 알겠어요! 그렇게 하면 샤워하기 전에 반드시 덤벨을 볼 테니 '근력 운동을 해야지'라고 떠올릴 수 있겠네요."

"그래. 그 행동을 무조건 떠올릴 수만 있다면 어떤 방법을 쓰든 상관없다네. 이 밖에도 예를 들어…."

박사는 레고로 만든 방에 이런저런 부품을 놓으며 구체적인 예를 설명했다.

잊지 못할 환경의 예

· 식사 전 근력 운동 … 냉장고 앞에 덤벨을 둔다.

· 식사 후 공부 … 설거지할 싱크대 옆에 교재를 둔다.

· 출퇴근길에 영어 회화 라디오 듣기 … 현관문에 영어 명언이 적힌 달력을 붙여 둔다.

· 샤워 후 요가 … 드라이어로 머리를 말리는 장소에 요가 매트를 둔다.

"하지만 저는 집에 덤벨 같은 게 없는데요."

박사의 설명을 들은 다카하시가 말했다.

"아, 꼭 덤벨이 아니어도 괜찮아. 그걸 보고 '아, 맞다. 근력 운동해야지'라는 생각을 떠올릴 수만 있으면 되네. '식사 전에 근력 운동 하기'라고 적은 종이를 붙여 두거나 나카야마킨니쿤(일본의 보디빌더이자 코미디언 겸 유튜버—옮긴이)의 등신대 패널을 세워 두어도 되지."

박사는 딱히 도움이 되지 않을 것만 같은 구체적인 예까지 덧붙였다.

"아, 킨니쿤의 등신대 패널이라면 마침 집에 있어요!"

그런데 어째서인지 다카하시에게는 도움이 되었다.

"그것참 다행이네. 이처럼 스마트폰이 없어도 행동을 떠올릴 방법은 있다네. 하지만 실제로는 생각이 나더라도 '나중에 하자'라고 미루는 경우가 생기므로 리마인더를 함께 사용하는 게 더 효과적이지."

박사는 여기저기 흩어진 레고를 정리하며 말했다.

"그렇군요. 어차피 돈이 드는 것도 아니니까 두 가지 방법을 다 써볼까. 시너지 효과를 기대해 볼 수 있겠어요."

다카하시도 레고 정리를 도우며 말했다.

▸ 사람은 할 일을 꼭 잊어버리므로 잊지 못할 환경을 만드는 것이 좋다.

▸ 방법 A. '편하게 움직일 수 있는 타이밍'에 해당하는 시간을 리마인더에 설정한다.

▸ 방법 B. 보기만 해도 '○○해야지'라는 생각이 떠오를 만한 물건을 가져다 둔다.

'늘 같은 시각에 움직일 수 있을까?'

"그런데 생각해 보니까 말이에요."

다카하시가 레고를 정리하던 손을 멈추었다.

"매일 8시에 리마인더를 설정해 놓아도 그 시각에 하지 못하는 날도 있을 수 있잖아요. 야근해서 집에 늦게 들어오거나 주말에는 평일과 달리 그 시간에 다른 일정이 있을 수도 있고요."

그러자 박사가 레고를 정리하며 말했다.

"그럴 때는 원칙으로 돌아가 생각하면 된다네."

방법은 유연하게, 원칙에 따라 판단한다

"물론 매일 같은 시각에 하는 게 가장 이상적이지만 현실에서는 그러기 힘든 사정이 생기기도 하지. 그런 사람은 리마인더에 설정해 놓은 시각에 너무 얽매이지 말고 욕실 앞에 덤벨을 놓는 식으로 장소를 더 의식하는 편이 좋다네."

"아, 알겠어요. 야근하고 늦게 들어온 날도 샤워는 반드시 할 테니까요."

"그렇지. 하지만 그렇다고 해서 시간보다 장소를 의식하는 편이 더 낫다는 이야기는 아닐세."

박사는 덧붙여 말했다.

"앞서 소개한 두 가지 방법은 둘 다 효과적이지만, 그보다 중요한 것은 어디까지나 '움직일 수 있을 때 행동을 떠올린다'라는 원칙이니까. 그 원칙만 지킬 수 있다면 구체적인 방법은 무엇이든 괜찮다네."

"아, 그런가요?"

다카하시는 다시 레고를 정리하며 잠시 생각에 잠겼다.

'나는 구체적인 방법을 각각 다르게 생각해서 문제가 생길 때마다 고민했지만, 박사님은 보편적인 원칙을 늘 먼저 생각했으니까 어떤 상황에서나 같은 원칙에 따라 판단할 수 있었던 거야. 방법은 바뀔 수 있어도 원칙은 변하지 않는 거구나. 박사님이 나보다 훨씬 더 생각이 깊었어.'

그 사실을 깨달은 다카하시는 이제껏 그저 섬세한 면이 부족한 통통한 아저씨 정도로만 생각했던 박사를 조금 다시 보았다.

그리고 말로 표현하지는 않았지만 그에 대한 경의의 마음을 담아 다시 레고를 조심스레 정리하기 시작했다.

POINT

- 매일 같은 시각에 행동하는 것이 바람직하지만 반드시 그래야 하는 것은 아니다.
- 그러기 어려울 때는 장소로 행동을 떠올리는 방법이 효과적이다.
- 또한 앞서 말한 대책대로 하기 어려운 상황에서도 원칙만 지킨다면 구체적으로는 어떤 방법을 써도 괜찮다.

"이로써 원칙 2에 대한 설명은 끝이네."

박사가 레고를 서랍에 다시 넣더니 자리에서 일어났다.

"딱 알맞게 끝냈으니 식당에서 커피 젤리라도 먹으면서 잠시 쉬는 건 어떤가."

박사는 기지개를 켜며 말했다.

"우리 학생 식당에서 파는 커피 젤리는 신기할 정도로 맛있다 네. 별 기대 없이 먹었다가 깜짝 놀라지."

"그렇군요! 그럼 가시죠."

창밖으로 노을이 지며 복도 바닥에 긴 그림자가 드리워졌지 만, 생각보다 빨리 원칙 2의 내용을 소화한 다카하시의 마음만은 아침 해가 뜬 것처럼 환했다. 그는 업무를 마치고 회식이라도 가 는 사람처럼 시원스럽게 대답했다.

두 사람은 연구실을 나서며 복도를 걸었다. 다카하시는 오늘 배운 내용을 떠올리며 생각했다.

'타이밍이 이렇게 중요한 줄 몰랐어. 원칙 1로 목표를 낮췄는 데, 원칙 2로 타이밍까지 잡으니까 정말 할 수 있을 것 같은데?'

그는 희망에 차서 걸음을 옮겼다. 지금의 그에게는 매일 5분 운동쯤은 식은 죽 먹기처럼 느껴졌다. 아니, 오히려 5분이 너무 적어서 당장이라도 30분은 거뜬히 해낼 수 있을 것 같은 묘한 전 능감마저 들었다. 다카하시는 곁에서 걷는 박사를 힐끗 바라보 며, 이 예상 외로 똑똑한 아저씨가 알려준 비법 덕분에 자신의 인 생이 통째로 바뀌기 직전이라는 확신에 사로잡혔다.

'이번에는 정말 성공할 수 있을 것 같아. 원칙 3도 배우고 나면

완벽하겠지?'

하지만 다카하시는 아직 몰랐다.

습관이라는 단단한 성벽을 쌓는 과정에서 가장 교묘하게 발목을 잡는 '심리적 저항'이 어디에 숨어 있는지 말이다. 가장 무서운 함정이 원칙 3에 숨어 있다는 것을 그는 꿈에도 생각지 못한 채 콧노래를 흥얼거렸다.

예외를 두지 않는다

중간에 쉬면 포기하는 비율이 급상승한다

학생 식당에 도착한 박사는 군더더기 없는 세련된 동작으로 커피 젤리를 두 개 주문하더니 다카하시와 함께 구석 자리에 앉았다.

신기할 정도로 맛있는 커피 젤리를 맛본 다카하시는 "뭐지, 이건…."이라며 감동했다. 그 말을 들은 박사가 장황한 이야기를 늘어놓기 시작했다.

"사실 젤라틴의 기원은 고대 이집트에서…."

다카하시는 커피 젤리를 먹으며 박사의 말을 한 귀로 듣고 한 귀로 흘려보내다가 중간에 한 번 화장실을 다녀온 후 자리에 다시 앉자마자 대뜸 박사에게 물었다.

"그러고 보니 원칙 3은 뭐였죠?"

"아, 원칙 말인가? 원칙 3은 '예외'에 관한 것인데….."

다카하시는 이렇게 화제를 전환하는 데 성공했다.

멀어지는 관계의 진실-
습관도 같은 방식으로 무너진다

박사는 갑자기 멀리 떨어진 자리로 시선을 옮겼다.

"저기 왼쪽 안쪽에서 책을 읽고 있는 흰색 셔츠 차림의 상큼한 소년과 오른쪽 안쪽 무리에 있는 찰랑찰랑한 검은 머리 소녀가 보이는가?"

그쪽으로 시선을 옮긴 다카하시는 '좀 더 오른쪽'이라는 박사의 말에 드디어 두 사람의 존재를 확인했다.

산뜻한 느낌의 훈훈한 외모를 지닌 청년과 우아하고 청초한 느낌이 나는 소녀였다.

"저 두 사람은 예전에 연인 사이였다네."

박사는 차분한 어조로 그들에 대한 이야기를 시작했다.

고대 이집트의 젤라틴 이야기를 들을 때와는 달리 다카하시는 흥미진진한 표정으로 박사의 말에 귀를 기울였다.

"나는 자주 이 식당에 오는데, 저 두 사람도 예전에는 둘이서 함께 자주 왔다네.

선남선녀라 워낙 잘 어울리는 커플이었지.

하지만 언제부터인가 갑자기 두 사람이 함께 있는 모습을 보지 못하게 되었다네.

둘이 다투다가 헤어지기라도 했나 싶었는데, 그게 아니었어.

저 청년이 친구들과 밥을 먹고 있을 때 궁금해져서 근처에 앉아 친구들과 하는 이야기를 슬쩍 들어 봤더니 연구 활동과 취업 준비가 겹쳐 매우 바빴던 모양이야.

그래서 여자 친구와 좀처럼 만나지 못했던 거지.

그러던 어느 날 오랜만에 둘이 다시 함께 밥을 먹고 있었다네.

하지만 두 사람 모두 그리 반가워하는 분위기가 아니었어.

귀를 기울이고 있자 그녀가 말하더군.

'올해는 불꽃놀이 축제에 함께 가지 못할 것 같아. 내년에나 갈 수 있으려나.'

그 말에 청년이 고개를 끄덕였다네.

이야기를 들어보니 두 사람은 해마다 어김없이 불꽃놀이 축제에 함께 갔던 모양이야.

그렇게 시간이 흘러 그 청년은 직장이 정해져서 취업 준비를 마치게 되었어.

하지만 그때는 이미 그 두 사람이 함께 밥을 먹는 모습을 볼 수 없게 되었지."

이야기를 마친 박사는 마지막으로 한마디를 덧붙였다.

"시간이 흐르다 보니 두 사람의 마음이 멀어져 버린 거지."

어쩐지 안타까운 마음이 든 다카하시는 기분을 전환하려 커피 젤리를 먹었다.

입안 가득 달콤한 크림이 퍼졌으나 뒷맛은 씁쓸했다.

포기까지 걸리는 시간은 단 이틀이면 충분하다

"자, 이제 습관화에 관한 강의를 다시 해보자면 말일세."

박사는 고개를 들더니 갑자기 밝은 목소리로 이야기하기 시작했다.

강의를 들을 기분이 아니었던 다카하시는 박사의 말을 그저 멍하니 들었다.

"마음이 멀어지면 이별이 찾아오지. 이건 습관화도 마찬가지라네. 연애는 이별, 습관화는 포기라는 형태로 나타나지만, 언젠가 끝난다는 공통점이 있지."

"듣고 보니 확실히 그러네요."

"그럼, 여기서 문제."

박사가 갑자기 퀴즈를 내자 다카하시는 그때부터 박사의 말에 집중하기 시작했다.

"저 두 사람은 약 반년 만에 마음이 멀어져 헤어지고 말았지. 그렇다면 습관화는 얼마만큼의 시간이 지나야 마음이 떠나 그만두게 될까?"

"음, 저 사람들은 서로 좋아했으니 반년씩이나 버텼겠지만, 근력 운동이나 공부 같은 건 더 일찍 포기할 것 같은데…. 1주일이요!"

다카하시의 대답을 들은 박사는 피식 웃었어요.

"정답은 대개 하루나 이틀 정도라네."

"네? 그렇게 빨리요?"

박사는 스마트폰을 꺼내 다카하시에게 그래프를 하나 보여주었다.

"예를 들어 '매일 근력 운동을 하자'라고 마음먹은 사람이 피치 못할 사정으로 운동을 하루 빼먹는다고 해보세. 그러면

할 일을 조금만 빼먹어도 다시 실천하기 어려워진다
할 일을 빼먹은 사람이 '두 번 다시 하지 않는' 비율

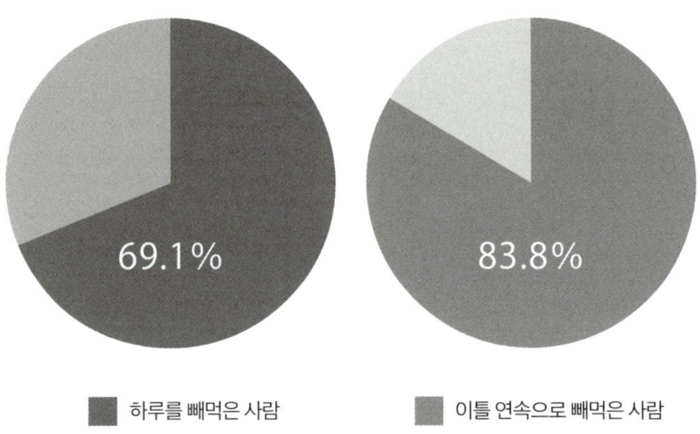

(표본 수: 87,456명, 집계 기간: 2022년 1월 1일~2022년 12월 31일)

할 일을 한 번이라도 빼먹으면 결국 포기하기 쉬워진다
할 일을 빼먹은 사람이 '30일 안에 포기하는' 비율

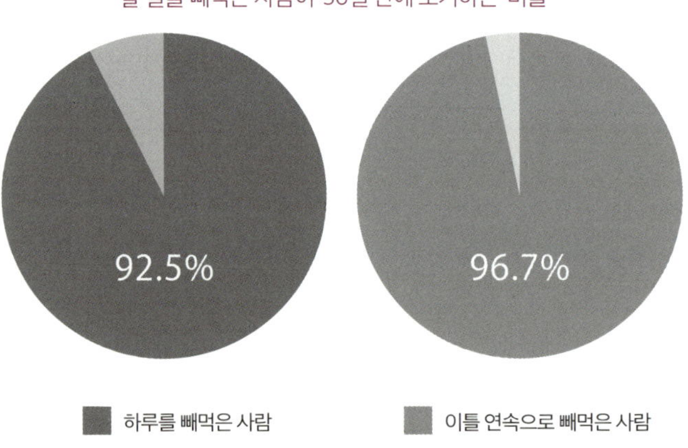

(표본 수: 87,456명, 집계 기간: 2022년 1월 1일~2022년 12월 31일)

69.1퍼센트의 사람은 그날 이후로 두 번 다시 근력 운동을 하지 않게 된다네. 이틀 연속으로 빼먹으면 그 비율이 83.8퍼센트로 증가하지(158쪽 상단 그래프)."

"세상에…."

생각보다 높은 수치에 다카하시는 놀라고 말았다.

하지만 잘 생각해 보니 자신도 과거에 몇 번이나 그런 식으로 포기한 적이 있었다.

'오늘 하루쯤이야….'

단 한 번이라도 핑계를 대며 할 일을 빼먹으면 그동안 참아 온 이성의 댐이 순식간에 무너지듯 나태한 마음이 밀려온다. 그러면 두 번이고 세 번이고 더 쉽게 빼먹게 되고, 어느새 자포자기 상태에 빠지고 만다.

"뭐, 습관화를 실천한 지 얼마나 지난 시점에 쉬는지에 따라 차이가 나기는 하지만, 어쨌거나 결국 '중간에 쉰다는 것'은 생각보다 훨씬 큰 문제라네. 게다가 일단 한 번 빼먹고 나면 그 후에 다시 열심히 며칠간 노력해도 결국에는 포기하기 쉬워지지(158쪽 하단 그래프)."

'한 달에 한 번'은 예외일까?

"하지만 박사님. 그렇기는 하지만 예외인 날도 있잖아요."

그때 다카하시가 말했다.

"근력 운동을 매일 하려고 해도 갑자기 야근해야 한다거나 회식에 참석해야 할 수도 있지 않나요."

"그것을 '예외'로 삼느냐 아니냐가 중요하다네. 자네는 그런 날이 한 달에 얼마나 되나?"

"어, 글쎄요…. 한 달에 한두 번쯤 되려나."

"그렇다면 그에 대한 대책이 필요하네."

박사는 딱 잘라 말했다.

"그렇다는 건 매달 한두 번씩 '그날을 계기로 두 번 다시 행동하지 않고 싶어지는 위기'가 찾아온다는 뜻일 테니까. 바로 그게 자네의 습관화 성공률을 급격히 떨어뜨리는 거라네."

"그럴 수가…."

"한 달에 한 번 일어날 법한 일은 '예외'가 아니네. 그에 대한 대책을 반드시 세워 둘 필요가 있지. 그렇게 하면 습관화 성공률이 급격히 올라갈걸세."

다카하시는 박사의 말이 옳다는 생각이 들면서도 '정신없이 바쁜 날조차 할 일을 빼먹을 수 없다'라는 냉정한 사실을 쉽사리 받아들일 수 없어 다른 곳으로 시선을 돌렸다.

　하지만 시선을 돌린 곳에는 연인과 헤어졌다던 청년이 앉아 있었다. 홀로 책을 읽고 있는 모습이 어쩐지 애처로워 보여 마음이 멀어지는 것을 가볍게 보아서는 안 된다는 생각이 들었다.

POINT

▸ 아무것도 하지 않은 채 시간이 지나면 결국 마음이 멀어져 끝나고 만다.

▸ 습관화는 하루나 이틀만 빼먹어도 마음이 멀어진다.

▸ 중간에 쉬면 그 후 다시 도전해도 결국 포기하기 쉬워진다.

'대신 행동'이 승부를 가른다

"저 두 사람이 어떻게든 위기를 극복할 방법이 없었을까요?"

딱히 어떤 답변을 바라고 한 말이 아니었지만 다카하시의 물음에 박사는 답했다.

"물론 있지."

끝까지 이어지는 사람들의 공통점

"나는 저들과 비슷한 처지에 놓였던 사람을 아는데, 그는 그 위기를 잘 극복했다네."

박사는 이렇게 말하더니 기억을 더듬듯 잠시 뜸을 들인 뒤 어느 학생에 대해 이야기하기 시작했다.

"얼마 전까지 내 연구실에 있던 학생의 이야기인데 말이야.

그 학생에게는 자신보다 한 살 어린 여자 친구가 있었는데, 그가 1년 먼저 졸업해서 취직했다네.

그들도 해마다 불꽃놀이 축제에 갔었지.

(워낙 유명한 행사라 불꽃놀이를 보러 가는 연인들이 많았다.)

하지만 1년 차 직장인이 된 그는 생각보다 너무 바빴고, 하필 그해에는 불꽃놀이 축제가 평일에 열려 도저히 갈 수가 없었어.

그 사실을 전화로 전해 들은 여자 친구는 '야근 수당을 받을 기회네!'라고 웃으며 조금도 그를 탓하지 않았지만, 그는 여자 친구에게 너무 미안했다고 하더군.

그래서 그는 주말에 불꽃놀이 세트를 사 들고 여자 친구 집에 찾아갔다네.

'이런 것밖에 해주지 못해서 미안해. 대신 내년에는 꼭 불꽃놀이 축제에 가자.'

그는 그렇게 말하며 둘만의 작은 불꽃놀이를 했다더군.

그리고 한 해를 돌아 다시 축제 기간이 되자 두 사람은 약속한 대로 함께 불꽃놀이 축제에 갔지."

"두 사람은 그 후 얼마 지나지 않아 결혼했다고 하더군."

"오, 그것참 좋은 소식이네요…."

포기와 지속을 가르는 단 하나의 선택

박사는 그들의 이야기에 꽤 몰입해 버린 다카하시를 내버려 둔 채 다시 이야기를 이어 나갔다.

"자네는 이 커플과 앞서 헤어진 커플의 차이가 무엇이라고 생각하나?"

이야기의 여운에서 아직 벗어나지 못하고 있던 다카하시는 차분히 생각에 잠겼다.

'헤어진 커플도 어떤 잘못을 한 건 아닌 것 같은데…. 정신없이 바쁜 시기가 누구에게나 한 번쯤 있을 테고, 하필 그 시기가 중요한 불꽃놀이 축제와 겹친 탓이 아닐까? 아니, 하지만 그건 결혼에 골인한 커플도 마찬가지였지 않나. 그럼 차이는….'

"대신 무언가를 했다는 거?"

"오, 정답일세!"

두 커플은 어떤 문제에 맞닥뜨렸을 때 대응하는 방식에서 차이가 났다.

박사는 설명을 이어 갔다.

"두 커플의 문제는 모두 '너무 바빠서 불꽃놀이 축제에 가지 못하는 것'이었지. 하지만 한 커플은 그런 상황에서 '내년에 가자'라고 생각했고, 다른 커플은 '그래도 작은 불꽃놀이 정도는 올해에도 할 수 있다'고 생각한 것이라네."

박사는 잠시 숨을 고르고 말을 이어 갔다.

"결국 '내년' 일을 생각한 커플에게 내년은 오지 않았고, '올해' 일을 생각한 커플에게는 내년이 찾아온 것이지."

'한다 vs 안 한다'를 버려라

"습관화도 이와 마찬가지라 할 수 있네."

박사는 이렇게 말하더니 설명하기 시작했다.

"어떤 일을 지속하다 보면 '오늘은 도저히 하기 힘들 것 같다'는 생각이 들 때가 찾아오지. 그럴 때 '내일은 꼭 하자'라며 하루 쉬지 말고, 소소하게나마 그날 다른 무언가를 하면 되네. 그러면 그것이 이제껏 쌓아온 노력을 끊어지지 않게 해주지."

박사는 구체적인 예를 소개했다.

"'5분 근력 운동'을 할 수 없을 때는 '30초 근력 운동'을 하거나 '집에 평소보다 조금 돌아가는 길로 걸어가기' 정도만 해도 되네. 그 어떤 사소한 일이어도 괜찮아."

"무슨 말인지 알겠어요."

이러한 발상은 '사람은 하루만 쉬어도 포기하기 쉽다', '하지만 도저히 할 수 없는 날도 있다'라는 문제와 현실적으로 타협하면서 이치에도 맞았다.

그 결과 이제껏 모든 일에 '한다' 혹은 '하지 않는다'라는 두 가

지 선택지밖에 없었던 다카하시는 이제 '조금이라도 한다'라는 새로운 선택지를 얻게 되었다.

▹ 누구에게나 '바빠서 할 수 없는 순간'이 찾아온다.

▹ 그때 아무것도 하지 않으면 포기할 확률이 높아진다.

▹ 그때 소소하게나마 그것을 '대신할 행동'을 하면 지속하기 쉬워진다.

일수 리셋 규칙:
무너지기 전에 되돌려라

"자, 아까 마음이 떠나면 자포자기하게 되어 습관화가 끝나 버린다고 했지. 그렇다면 뒤늦게 후회하지 않도록 미리 손을 써야 하지 않겠나."

"그렇지요."

"하지만 애석하게도 '마음이 떠나는' 모습은 눈에 잘 보이지 않아. 그래서 평상시에 주의하지 않으면 좀처럼 알아차리기 어렵다네."

다카하시는 박사의 말을 열심히 경청했다.

"아, 그러니까 '알아차렸을 때는 이미 늦었다'라는 거군요."

"그래. 그러니 더는 손 쓸 수 없을 지경에 처하기 전에 '이거 위험한데'라고 미리 알아차릴 수 있는 시스템을 만들어야지."

박사는 커피 젤리를 먹더니 진지한 표정으로 말했다.

"그게 바로 '일수 리셋 규칙'이라네."

이틀 쉬면 다시 1일 차부터

"리셋이요?"

다카하시는 무슨 뜻인지 아직 잘 이해가 가지 않았다.

그러자 박사가 차근차근 설명하기 시작했다.

"먼저 근력 운동 등을 시작할 때 '30일 지속하면 성공' 같은 목표 기간을 정하는 거지."

"그거 좋네요. 기간을 정해 놓으면 더 힘이 날 테니까요."

다카하시는 그 아이디어를 크게 반겼다.

"그렇게 매일 근력 운동을 하면서 1일 차, 2일 차를 기록해 나가는 거지. 그렇게 30일 차까지 하면 성공이네."

"그렇게 말하니까 재미있어 보이는데요. 게임 같기도 하고요."

"그렇지? 하지만 여기에 리셋 규칙을 적용하는 거야. 이틀 연속으로 운동을 빼먹었을 때는 다시 1일 차부터 시작하는 거지.

예를 들어 28일 차가 되었다고 해도 그때부터 이틀 연속으로 운동을 쉬었다면 다시 1일 차로 돌아가는 거지.”

“으아….”

그 말에 다카하시는 갑자기 강한 거부감을 드러냈다.

“그건 게임 데이터를 중간에 삭제하는 거나 마찬가지잖아요. 그러기는 싫은데.”

“그렇게 느끼는 게 중요하다네.”

박사는 이렇게 말했다.

“‘리셋하기 싫으니까 그냥 하자’라는 마음이 늘지 않으면 운동을 하루이틀 쉬어도 ‘뭐 괜찮겠지’라고 생각하게 되지 않나. 그렇게 ‘뭐 괜찮겠지’라고 방심하다가 어느 틈엔가 ‘이젠 나도 모르겠다’라는 생각에 습관화를 포기하고 마는 거라고.”

“아하. 일수를 더는 세지 않게 되면 습관화하고 싶은 행동에서 마음이 멀어진다는 거군요.”

다카하시는 이해했다는 듯 고개를 끄덕였다.

“듣고 보니 조금 힘들기는 하겠지만 그만큼 느슨해지지 않게 붙들어 매는 힘이 있어서 효과는 확실해 보이네요.”

적당한 긴장감은 좋은 결과를 낳는다.

다카하시는 그러한 사실을 적어도 머리로는 알고 있었다.

'하루까지는 봐주는 것'이 현실적으로는 최선

"그런데 하루 빼먹는 건 눈감아 주네요."

"그렇다네."

박사는 이렇게 말했다.

"연속으로 30일간 하는 게 가장 이상적이지만 '중간에 쉬더라도 계속하고 싶어 하는 사람'이 아예 없는 건 아니니까."

박사는 현실적인 이유를 설명했다.

"저도 하루 정도는 봐줘야 부담이 덜할 것 같아요."

"맞는 말이야. 이 점은 꽤 많은 시행착오를 겪었지만, 규칙이 너무 엄격해도 너무 느슨해도 안 되더라고.”

박사는 자신의 경험을 떠올리며 말했다.

“규칙을 너무 엄격하게 했더니 오히려 역효과가 났고 규칙을 너무 느슨하게 했더니 규칙의 의미가 없어졌다네. 이 둘 사이에서 균형을 잡으면서 현실적으로 성공률을 가장 높인 방법이 바로 ‘하루까지는 괜찮다’라는 규칙을 넣는 것이었네.”

박사는 숟가락으로 커피 젤리 접시에 남은 크림을 남김없이 싹싹 긁어모으며 말했다.

위엄이라고는 찾아볼 수 없는 모습이었지만 그의 말에는 확실한 근거와 설득력이 담겨 있었다.

기록은 도구일 뿐, 핵심은 꾸준함

“참고로 리셋 규칙은 습관 강화 앱을 사용해도 되지만 좀 더 아날로그적인 방식을 쓸 수도 있다네.”

박사는 그제야 커피 젤리 접시에서 고개를 들며 말했다.

“달력에 숫자를 적는 방법처럼 말이지. 매일 근력 운동 등을 하고 나서 달력에 표시된 날짜에 1, 2, 3처럼 숫자를 적어 나가다가 이틀 연속으로 쉬게 되면 다시 처음부터 하는 거지."

"그렇게 하면 성취감이 있을 것 같아요. 한번 해볼게요."

다카하시는 벌써부터 기대가 되는 듯했다.

"그러게나. 성취감이 역시 중요하니까."

그렇게 말하는 박사의 얼굴에도 어쩐지 성취감이 가득했다.

자세히 보니 커피 젤리 접시가 크림 한 방울도 남지 않았을 만큼 새것처럼 말끔해져 있었다.

▸ '뭐 괜찮겠지'라며 한 번 쉬어 버리면 얼마 지나지 않아 '이젠 나도 모르겠다'라는 식으로 포기하기 쉬워진다.

▸ 리셋 규칙은 '뭐 괜찮겠지'라는 생각이 드는 것을 막는다.

▸ 리셋이 가까워지는 순간 = 마음이 습관에서 멀어지는 순간.

'그래도 역시 하지 못하는 날은
어떻게 할까?'

접시를 퇴식구에 반납한 다음 박사와 다카하시는 다시 연구실로 향했다.

가는 길에 다카하시가 말을 걸었다.

"하지만 박사님. 예외를 두면 안 좋다는 건 알겠는데, 그래도 역시 이건 너무 엄격한 게 아닐까요. 바쁠 때는 소소한 일조차 하지 못하는 게 사람인데, 저는 그렇게 혹독하게 할 자신이 없어서요…."

"음, 자네 마음이 이해는 가네."

박사는 고개를 끄덕이더니 다카하시를 보며 말했다.

"다카하시 군, 자네는 일기 예보를 보나?"

포기 확률 90퍼센트의 법칙

"일기 예보… 말인가요? 보기는 하는데 그게 습관화와 무슨 관계가 있나요?"

"'습관화는 중간에 쉬면 대부분 포기한다'라는 건 단지 내 주장이 아니라 방대한 데이터를 바탕으로 한 통계적 사실일세. 마치 '강수 확률이 90퍼센트라면 아마도 비가 내릴 것이다'라는 것처럼 말이야."

그 말을 들은 다카하시는 화들짝 놀랐다.

박사는 설명을 이어 나갔다.

"그 점은 우리가 바꿀 수 없으니 거부해 봤자 의미가 없어. 물론 강수 확률이 90퍼센트인 날에 우산을 들고 나가지 않는 건 개인의 자유지만, 우산이 없는 사람은 비에 흠뻑 젖을 거라는 걸 충분히 짐작할 수 있지."

다카하시는 머릿속으로 박사가 말한 예를 정리해 보았다.

강수 확률 90퍼센트인 날

· 우산을 들고 나가지 않는다. → 빗물에 젖는다.

· 우산을 들고 나간다. → 빗물에 젖을 일이 없다.

습관화 도중에 바쁜 날

· 아무것도 하지 않는다. → 포기한다.

· 조금이라도 행동한다. → 포기할 일이 없다.

빗물에 젖고 싶지 않다면 우산을 챙겨 나가는 수밖에 없다.

박사는 그런 당연한 말을 하고 있었다.

사실 그렇게까지 엄격하지는 않다

"게다가 원칙만 잘 지킨다면 생각만큼 엄격하지는 않을걸세."

연구실에 도착하자 박사가 연구실 문을 열었다.

다카하시는 이제껏 배운 원칙과 구체적인 대책을 떠올려 보았다.

· 원칙 1에서 목표를 하루 5분 이내에 가능한 수준으로 낮추었다.

· 그 목표를 원칙 2에서는 자연스레 움직일 수 있는 타이밍에 떠올리

  도록 했다.

· 심지어 원칙 3의 실천 전략에서 바쁠 때는 5분보다 짧게 걸리는 소

소한 행동만 하고 넘어가도 된다고 했다.

"박사님 말씀을 듣고 나서 다시 차분히 생각해 보니 그렇게 엄격하지는 않네요."

다카하시는 자신이 해야 할 일이 생각보다 훨씬 소소하다는 사실을 깨달았다.

핵심은 균형이다

"혹시 처음에 원칙 1은 레벨이 너무 낮은 데 비해 원칙 3이 너무 엄격하다는 생각은 들지 않았나?"

박사가 물뿌리개를 꺼내 들며 물었다.

분재에 물을 주려는 모양이었다.

"아, 맞아요. 하루에 5분이라고 들었을 때는 '좀 더 해도 되지 않나?'라는 생각이 들었는데, 바쁠 때도 해야 한다는 말을 들었을 때는 '너무 엄격한데'라는 생각이 들었어요."

"그렇겠지."

다카하시의 말에 박사는 이렇게 대꾸하더니 다시 말했다.

"하지만 원칙 1을 했을 때는 원칙 3에 대해 생각하지 않았을 테고, 그 반대도 마찬가지였을 것 같은데 어떤가."

그 말대로였다.

다카하시는 '하루에 5분은 너무 짧지 않나'라고 생각했을 때 언젠가 찾아올 바쁜 나날에 대해 생각하지 못했고, '아무리 바빠도 중간에 쉴 수 없다니 너무 엄격한데'라는 생각이 들었을 때는 바쁜 날에도 할 수 있도록 목표를 낮추어 보자는 생각을 전혀 하지 못했다.

그 결과 목표는 너무 어렵게 설정하고 예외에 대해서는 너무

안일한 판단을 내려 둘 중 하나가 습관화를 포기하는 원인이 된 것이다.

"인간의 행동에는 여러 요소가 서로 영향을 끼치고 있어, 단지 한쪽 측면만 보고 실천 전략을 세울 수는 없다네. 습관의 3원칙은 그런 요소들 사이에서 균형을 유지하고 있어서 일부만을 보았을 때는 위화감이 들 수 있지만, 전체적으로는 현실에서 제대로 작용한다네."

박사는 분재에 물을 주며 말했다.

다카하시도 별생각 없이 분재를 바라보다 문득 이런 생각이 들었다.

'분재는 가까이에서 보면 가지가 한쪽으로 치우쳐 있지만 멀리서 보면 전체적으로 균형이 잡혀 서로 조화를 이루고 있단 말이지. 음… 그런 것 같기도 하고 아닌 것 같기도 하고.'

> **POINT**
>
> ▸ 포기하지 않으려면 바쁠 때도 행동하는 수밖에 없다.
> ▸ 하지만 그 '행동'은 정말 소소한 것이어도 괜찮다.
> ▸ 원칙만 지킨다면 그 소소한 '행동'은 절대로 어렵지 않다.

한 걸음 더 나아가기

"이것으로 습관의 3원칙 강의를 모두 마쳤다네! 이제 실천만 하면 되는데, 혹시 그 전에 질문할 게 있는가?"

지금까지 습관의 3원칙을 배운 다카하시를 축하라도 하려는 듯 박사가 서랍에서 마카다미아 초콜릿 상자를 꺼냈다.

"질문이 하나 있습니다."

다카하시는 마카다미아 초콜릿 상자를 마치 졸업증명서처럼 엄숙히 받았다.

"지금까지 들은 설명은 전부 근력 운동이나 공부 등을 '하는' 습관에 관한 것이었는데, 혹시 무언가를 '하지 않는' 습관을 들이려면 어떻게 하는 게 좋을까요? 예를 들어 담배나 군것질을 끊거나 하려면요."

박사는 다카하시에게 건넨 초콜릿 상자를 멋대로 열더니 초콜릿 한 개를 꺼내 먹으며 말했다.

"아, 그것도 마찬가지일세. 구체적인 전략은 차이가 좀 나지만 원칙은 같으니까."

○○하지 않는 습관

원칙 1. 목표를 크게 낮춘다

"먼저 원칙 1을 보세. 무언가를 '하는' 목표는 하루 5분 이내에 할 수 있는 일로 정하라고 했으나, 사실 이 원칙의 핵심은 어디까지나 '목표를 크게 낮추는' 거라네. 금연을 하더라도 하루아침에 담배를 완전히 끊을 수는 없지 않나."

"아하. 사실 금연이라고 하면 다들 어느 날을 기점으로 갑자기 '나 오늘부터 담배를 한 개비도 피우지 않을 거야'라고 생각하는데, 솔직히 그건 무리죠."

다카하시는 잠시 고민하더니 이렇게 말했다.

"그렇다면 담배를 '하루에 한 개비씩 줄이는 것'은 어떤가요?"

"그것도 나쁘지 않은 생각이네만, '하지 않는 것'을 목표로 세울 때 유용한 방법이 하나 있지. 바로 무언가를 '하는 것'으로 바꾸는 거야."

박사를 이렇게 말하더니 몇 가지 예를 소개했다.

○○하지 않는 목표의 예

· 간식을 먹지 않는다. … 작은 접시에 조금씩 덜어 먹는다.

· 긴식을 믹지 않는다. … 건강한 간식을 먹는다.

· 당질 제한 … 식사하기 전에 물을 마신다(효과를 보인 연구도 있다).

· 금주 … 작은 잔에 마신다.

· 금연 … 껌을 씹는다.

박사는 설명을 이어 나갔다.

"'담배를 한 개비 줄이는 것'을 목표로 삼으면 온종일 담배의 유혹을 견뎌 내야만 목표를 달성할 수 있지 않나. 하지만 담배를 피우고 싶어질 때 '껌을 씹는 것'을 목표로 삼으면 껌을 씹는 순간 목표가 달성되므로 스트레스도 덜 받고 훨씬 지속하기 쉽지."

"오, 듣고 보니 그러네요. 확실히 지속할 수 있을 것 같아요."

다카하시는 고개를 끄덕였다.

"물론 '껌을 씹었는데도 흡연량이 줄지 않는' 날도 있을 거야. 하지만 평균적인 흡연량은 차츰 감소할 테니 하루의 결과만을 놓고 일희일비하지 말고 '껌을 씹었다! 잘했어!'라고 마음 편히 생각하면 된다네."

"쉽고도 긍정적인 생각이네요."

다카하시는 지나친 노력을 요구하지 않는 그 사고방식이 마음에 들었다.

원칙 2. 움직일 수 있을 때 떠올린다

"원칙 2도 기본적으로 같다네. 마찬가지로 움직일 수 있을 때 떠올리면 돼."

"아하."

"예를 들어 간식을 습관적으로 많이 먹지 않도록 '작은 접시에 덜어 먹는' 습관을 기르고 싶다면 간식을 먹기 직전의 시각을 리마인더에 설정해 놓는 걸세. 그렇게 하면 전체적인 양은 줄어도 처음 몇 입은 예전처럼 맛있게 먹을 수 있고, 다른 시간에는 과자를 별생각 없이 입에 넣는 습관을 막을 수 있지."

박사는 마치 습관처럼 초콜릿을 계속 입에 넣으며 구체적인 예를 소개했다.

○○하지 않는 타이밍의 예

· 작은 접시에 덜어 먹는다. ··· 간식을 먹기 시작하는 오후 업무 전

· 건강한 간식을 먹는다. ··· 편의점에 가기 전

· 식사 전에 물을 마신다. ··· 점심 식사 전

· 술은 작은 잔에 마신다. ··· 저녁 식사 전

· 담배 대신 껌을 씹는다. ··· 담배를 습관적으로 피우는 오후 휴식 시
  간 전

원칙 3. 예외를 두지 않는다

"원칙 3도 마찬가지라네. 무언가를 그만둘 때도 역시 예외를 두지 않는 것이 중요하지."

박사의 손은 마치 단순 작업을 반복하는 기계처럼 초콜릿과 입 사이를 계속 왕복했다.

"하지만 다이어트를 할 때는 '마음껏 먹어도 되는 날'을 하루 정도 미리 정해 두는 것이 좋다고 어디선가 들은 것 같은데, 그렇게 하는 건 어떤가요?"

"아, 그건 애초에 원칙부터 다르다네. 그런 '치팅 데이'는 매일 극심한 스트레스를 받을 만큼 혹독한 다이어트를 하는 것을 전제로 하거든. 그러니 가끔 그런 식으로 스트레스를 해소해야 다이어트를 지속할 수 있다고 생각하는 거지."

"그렇군요. 접근 방식 자체가 완전히 다르군요."

"그렇다네. 습관의 3원칙은 애초에 스트레스가 매우 적은 목표를 정착시켜 나가자는 개념이니까."

박사는 강조하듯 말했다.

"이렇게 해야 예전처럼 흐지부지 되돌아가지도 않고, 처음에 마음먹었던 목표가 자연스럽게 습관으로 정착하고 더 나아가 또 다른 습관도 만들 수 있을 테니까."

그렇게 말한 박사는 상자에 남아 있던 마지막 초콜릿 한 개를 일말의 망설임도 없이 입에 넣었다.

- ‘○○하기’나 ‘○○하지 않기’ 모두 습관의 3원칙은 똑같이 적용된다.
- 한 번에 그만두지 말고 ‘대신 무언가를 하는’ 식으로 무리하지 말고 지속할 수 있는 목표를 세운다.
- 습관을 버리는 데 도움이 되는 행동을 하기 좋은 타이밍에 그 행동을 떠올린다.
- 예외를 두지 않고 매일 조금씩 습관을 정착시킨다.

일단 시작하는 첫걸음 내딛기

"자, 그럼 이제 남은 것은 실천뿐이네. 이제껏 배운 원칙을 실천해 보게나."

"드디어 여기까지 왔네요."

다카하시는 장편 게임의 최종 스테이지를 맞이한 소년처럼 비장한 표정을 지었다. 손을 무릎 위에 가지런히 올리고 등을 곧게 폈다. 평소의 그답지 않은 자세였다.

박사는 그를 바라보며 조용히 미소를 지었다.

"아는 것과 하는 것은 다르다네. 하지만 자네는 이미 '왜 실패하는지'를 알고 있어. 그것만으로도 출발점이 달라진 거야."

"네."

다카하시는 짧은 한 마디로 대답했지만 그 안에는 지금까지의 수많은 실패와, 그럼에도 다시 해보겠다는 마음이 함께 담겨 있었다.

목표는 하나, 작게 시작한다

"다카하시 군, 그래서 자네는 어떤 습관을 기르고 싶은가?"

"음⋯."

다카하시는 잠시 망설였다.

"하고 싶은 일은 많아요. 얼마 전까지는 영어 공부가 목표였지만, 운동이나 기타도 배우고 싶고⋯. 하지만 5분 이내에 하려면 목표가 한 가지여야 하겠지요?"

"그렇지. 목표를 한꺼번에 여러 개 세우면 타이밍이 전부 제각각이 되어 버리니까."

"그렇겠지요?"

다카하시는 이렇게 중얼거리더니 또다시 고민하기 시작했다.

"음, 그럼 일단 근력 운동으로 정할게요! 작가 무라카미 하루키도 '육체야말로 영혼의 신전이다'라고 했으니까요. 신전인 몸을 제대로 단련하면 그 안에 자리한 제 인간성도 좀 더 나아져서 언젠가는 영어나 기타도 어떻게든 되지 않겠어요."

다카하시는 몹시 뜬구름 잡는 소리를 했다.

"음, 이유는 잘 이해가 가지 않네만, 어쨌거나 몸을 단련하는 건 참 좋은 일이지! 그럼 얼른 구체적인 실천 전략을 적어 보게나."

실천 전략 목록 작성하기

박사는 책상 위에 잔뜩 쌓여 있던 서류를 한참 뒤적이더니 종이 한 장을 꺼냈다.

"이것만 생각하면 되네."

원칙을 실시하는 데 필요한 실천 전략이 표로 나와 있었다.

"오, 이렇게 보니까 의외로 할 일이 많지 않은데요."

"할 일이 많으면 결국 그만둬 버리니까."

수많은 사람의 현실을 관측해 온 박사가 대답했다.

다카하시는 고개를 끄덕이며 펜을 집어 들더니, 구체적인 전략을 쓱쓱 적기 시작했다.

"예전에 세운 목표는 5분 안에 해내기에는 조금 빠듯해 보이니 이번에는 부담이 덜하도록 조금만 줄여 보자.”

“오, 딱 좋구먼!”

박사는 다카하시가 작성한 용지를 바라보며 만족스럽다는 듯이 말했다.

“리마인더는 이미 설정해 두었으니 이제 집에 가서 욕실 앞에 ‘근력 운동’이라고 쓴 종이를 붙여 놓기만 하면 되겠어요. 혹시 더 해야 할 일이 있을까요?”

생각보다 빨리 실천 전략을 세운 다카하시의 목소리에는 묘한 자신감과 여유가 넘쳤고, 이전의 망설임도 사라진 듯했다.

“아니, 이것만으로도 충분하네. 처음에 실천 전략만 잘 세우면 효과가 계속 지속될 테니까. 이미 이 시점에서 자네가 근력 운동을 지속할 확률이 상당히 커졌다네.”

다카하시의 사례

원칙	실천 전략	다카하시가 세운 실천 전략
1. 목표를 크게 낮춘다.	목표는 준비 시간을 포함해 5분 이내	· 3분간 근력 운동(스쾃 25회×2세트 등)

2. 움직일 수 있을 때 떠올린다.	편하게 움직일 수 있는 타이밍을 파악한다.	· 샤워하기 전(20:00)
	잊지 못할 환경을 만든다.	· 리마인더를 매일 20:00로 설정 · 욕실 앞에 '근력 운동'이라고 쓴 종이를 붙인다.
3. 예외를 두지 않는다.	대신 무언가를 한다.	· 스쾃을 10회만 해도 된다. (그조차 불가능할 때는 그때 가서 생각한다).
	'일수 리셋' 규칙	– 달력에 일수를 표시한다. – (혹시 해보다가 귀찮아지면) 습관화 애플리케이션을 사용한다.

그동안 다카하시에게 혹독한 현실을 알려 준 박사는 희망찬 말로 습관의 3원칙 강의를 끝마쳤다.

POINT

▷ 처음에 실천 전략만 잘 세우면 습관의 3원칙의 효과가 계속 지속된다.

이제 남은 건 실천뿐

"이것으로 습관의 3원칙 강의는 모두 끝났네. 그동안 수고 많았고 잘 따라와 줘서 고맙네. 이젠 자네 차례야."

습관의 3원칙을 전수하는 큰일을 마친 박사는 만족스러운 표정을 지으며 말했다.

"감사합니다. 그동안 제가 했던 많은 착각을 깨닫고 현실적인 실천 전략도 세우는 등 정말 많은 것을 배웠습니다."

다카하시는 교수를 향해 정중히 감사 인사를 올렸다.

"허허, 도움이 되었다니 다행일세. 자, 그럼 이제 남은 문제는 하나로구먼."

"네? 그게 뭔가요?"

박사가 말했다.

"후후, 내 제자가 되는 것 말일세."

"아….."

다카하시는 그 일에 관해 까맣게 잊고 있었다.

그러고 보니 애초부터 박사는 제자를 들일 목적으로 다카하시에게 이 강의를 해준 것이었다.

하지만 안타깝게도 다카하시는 여전히 박사의 제자가 될 생각이 없었고, 자신의 계획을 바꿀 용의도 없었다.

지금 하는 일도 있는 데다 이제 곧 인생의 동반자를 찾아야 할 시기라 나름대로 매우 바빴기 때문이다.

그렇다고 딱 잘라 거절할 수도 없는 노릇이었다.

박사가 습관화에 대해 성심성의껏 가르쳐 준 덕분에 다카하시는 실로 많은 것을 배울 수 있었다.

비록 성격에 결함이 조금 있기는 했지만 기본적으로는 호감을 느낄 만한 좋은 아저씨이기도 했다.

'음, 이 상황을 어떻게 잘 수습할 방법이 없을까….'

한참을 고민한 끝에 다카하시는 거절하기 곤란할 때 쓰이는 상투적인 수법을 사용하기로 했다.

"먼저 3개월 정도 습관의 3원칙을 실천해 본 후에 결정해도 되겠습니까?"

일단 시간을 벌면서 문제를 뒤로 미루기로 한 것이다.

"아, 그렇지! 아직 효과를 실감하지도 못한 사람에게 덜컥 제자가 되라고 하는 건 좀 무리였지."

박사는 어째서인지 다카하시의 말에 쉽게 수긍했다.

"그렇지요! 아하하하. 그럼 직접 실천해 본 후에 다시 들르겠습니다."

"그래그래, 알았네!"

그리하여 다카하시는 3개월이라는 유예 기간을 얻게 되었다.

3개월 후, 예상 밖의 변화

3개월이 지났을 때 다카하시는 다시 박사의 연구실을 찾았다.

"오랜만일세, 다카하시 군! 잘 지냈는가?"

"네, 다 박사님 덕분입니다! 그때부터 근력 운동을 계속하고 있어요. 요즘은 익숙해져서 스트레칭도 병행하기 시작했습니다. 이상적인 몸을 만들려면 아직 시간이 좀 더 필요하지만 포기하지 않고 꾸준히 하니 기분이 좋습니다."

"그것참 다행일세! 아주 순조로워 보이는군."

박사는 그렇게 말하더니 도무지 가만히 있지 못하고 들고 있던 서류를 접었다 폈다 하기를 반복했다.

다카하시가 자신의 제자로 들어올지 아닐지 몹시 신경이 쓰이는 듯했다.

박사의 마음을 눈치챈 다카하시가 본론을 꺼냈다.

"그래서 전에 말씀하셨던 제자 이야기 말인데요….."

"음, 그래!"

박사는 기다렸다는 듯이 맞장구를 쳤다.

그러자 다카하시는 그런 박사의 기대에 부응할 만한 엄청난 소식을 발표했다.

"실은 저보다 더 훌륭한 적임자를 찾았습니다."

"뭐라고?"

때는 약 2주 전. 다카하시가 회사 후배와 영업처에서 사무실로 돌아왔을 때의 일이었다.

두 사람은 다른 회사로 이직한 선배에 관해 대화를 나누다가 자신들의 장래에 관한 이야기까지 하게 되었다.

장래에 관한 이야기라고 해도 그저 '우리가 앞으로도 계속 이 회사에서 일하게 될까?'라는 식으로 딱히 어떤 결론이 나지 않을 만한 잡담 수준의 대화였다.

그때 후배인 하야카와가 이런 말을 꺼냈다.

"사실 저는 대학원에 가고 싶어요."

그 말을 듣고 놀란 다카하시가 좀 더 자세히 묻자 하야카와는 다음과 같은 이야기를 했다.

자신은 평소 심리학에 관심이 많아서 대학원에 진학해 좀 더 본격적으로 공부해 보고 싶은 마음이 있었다. 아직 구체적인 분야나 대학을 정한 것은 아니었지만 원하는 공부의 방향성은 있다. 이론적인 학문보다는 어떠한 식으로든 사람들의 행동에 실제로 영향을 끼칠 수 있는 연구를 해보고 싶다.

하야카와의 이야기를 들은 다카하시는 이런 천재일우의 기회를 놓칠 수 없다는 생각이 들었다. 그는 곧바로 '그 뭐냐, 결국 사람은 습관이 90퍼센트라는 말도 있잖아'라는 식으로 과장을 보태가며 혹시 습관 연구에는 관심이 없냐고 물으면서 박사에 관한 이야기를 슬쩍 흘렸다.

그러자 놀랍게도 하야카와가 큰 관심을 보였다.

"습관화요? 관심 많지요. 사실 저는 사무실에서도 습관화와 관련된 자료를 몰래 읽기도 했거든요. 한 번은 자료를 잃어버리는 바람에 엄청나게 걱정했다니까요."

"뭐? 혹시 그거… '현명한 사람이 성공하는 원리'라는 글 아니야?" 하야카와는 다카하시의 말에 화들짝 놀라더니 이내 어떻게 된 일인지 알아차렸다.

"그걸 다카하시 선배가 갖고 있었어요?"

글의 주인이 하야카와였던 것이다.

다카하시는 박사에게 그간의 일을 이야기했다.

"말씀드린 것처럼 성실하고 성격도 좋은 후배인데 어떠세요? 대학원 수험 준비를 이제 시작해서 시간은 좀 걸릴 것 같지만요."

"아니, 뭐라고? 시험을 쳐서 대학원까지 와준다고? 우리 연구실 지망으로?"

박사는 크게 기뻐했다.

"그렇게 되었어요."

"당연히 좋지! 고맙네! 다카하시 군의 후배라니 안심이네. 게다가 그렇게 진지하게 생각해 주고 있다니 정말 감격스럽구먼."

크게 기뻐한 박사는 "약소하지만 내 마음일세."라며 학생에게 받은 온천 만주(유명 온천지에서 파는 만주로, 온천수를 반죽에 섞거나 만주를 찔 때 사용한다.—옮긴이) 상자에서 만주 두 개를 꺼내 다카하시에게 건넸다.

▹ 세상에는 여러 톱니바퀴가 기적적으로 맞물려 일이 잘 굴러갈 때가 있다.

습관이 만든 3년의 변화

3년 뒤, 완전히 달라진 삶

제자 문제가 원만하게 해결된 지 3년이 지났을 무렵.

여느 때처럼 지내고 있던 다카하시에게 갑자기 박사로부터

메일이 왔다.

제목명: 이보게, 다카하시 군

본문: 오랜만이네. 잘 지내나?

조금 전에 하야카와 씨와 대화하다 다카하시 군 이야기가 나왔다네.

그 후로 어찌 지내는지도 궁금하니 시간이 되면 오랜만에 연구실에

놀러 오지 않겠나?

하야카와 씨는 학회에 참석하느라 한동안 자리를 비우지만 말이야.

하야카와는 무사히 대학원에 합격해 박사 밑에서 연구를 하고 있는 모양이었다.

다카하시가 연구실을 방문해 보니 박사가 레고로 거대한 공룡을 만드는 일에 심혈을 기울이고 있었다.

"허허, 잘 왔네! 오랜만일세."

다카하시는 레고가 신경이 쓰였지만, 일단 3년 만에 만난 박사에게 인사부터 했다.

"여전히 건강해 보이시네요! 그 후로 잘 지내셨어요?"

"덕분에 아주 잘 지냈지. 하야카와 씨는 정말 이해가 빠르고 성실한 학생이더군."

박사는 흡족한 표정으로 말했다.

"내 연구는 진작 다 물려받고, 이제는 자신만의 이론을 발전시켜 나가려 하고 있지 뭔가. 덕분에 이제 나도 마음 편히 은퇴할 수 있겠어."

박사에게 하야카와를 소개한 당사자인 다카하시는 어쩐지 자신까지 칭찬받는 느낌이 들어 기분이 좋아졌다.

"그런데 이 레고는 대체 뭔가요?"

다카하시는 들어올 때부터 신경이 쓰였던 점을 물었다.

"후후, 은퇴 후에 나는 레고 전문가가 되려고 하거든."

'그렇게나 레고가 좋은가…. 아니, 그런데 레고에도 전문가가 있구나.'(실제로 레고 본사에서 인증하는 '레고 공인 전문가'가 있다.—옮긴이)

그렇게 말을 꺼낸 박사는 한참 동안 쉬지 않고 레고에 대해 혼자 떠들더니 이윽고 만족했는지 다카하시에게 3년 전 강의 이후의 근황에 대해 물었다.

"자네는 어떻게 지냈는가. 그 후로 어떤 좋은 습관을 길렀나?"

"그 후로 정말 많은 변화가 있었습니다. 다 이야기하자니 너무 긴데 어디서부터 이야기해야 하나…."

"시간은 충분히 있으니 신경 쓰지 말게. 향후 연구에 도움이 될지도 모르니 자세히 듣고 싶구먼."

"그러세요? 그럼 일단 근력 운동부터 이야기하자면…."

다카하시는 지난 3년간 있었던 일들을 이야기하기 시작했다.

작은 습관이 만든 변화

근력운동을 시작하다

3년 전 습관의 3원칙 강의를 모두 들은 다카하시는 먼저 근력운동을 시작했다.

하지만 돌이켜 보면 습관의 3원칙을 배웠을 당시 다카하시가 얻은 것이라고는 그저 '샤워하기 전에 3분간 스쿗 하기'라는 작은 목표와 그 목표를 지탱해 줄 소소한 장치뿐이었다.

"정말 이렇게만 해도 괜찮을까?"

솔직히 다카하시는 반신반의했다.

하지만 실제로 해보니 의외로 순조로웠다.

특히 '샤워하기 전'이라는 타이밍이 실로 절묘했다. 짧은 시간 동안 집중적으로 스쾃을 해서 땀을 쫙 뺀 다음 바로 샤워했더니 생각했던 것보다 기분이 훨씬 더 상쾌했다.

원칙의 효과 덕분이었을까. 다카하시는 놀랍게도 별다른 어려움 없이 매일 착실히 운동을 해나갔다.

습관이 흔들리는 순간

그러나 모든 게 순조롭게 흘러가기만 했던 다카하시에게도 어김없이 위기가 찾아왔다.

어느 날 저녁, 그날의 업무를 거의 끝마쳐 가던 다카하시에게 부장이 다가와 미안한 표정으로 말했다.

"정말 미안하네만… 아까 말한 자료를 내일까지 작성해 줄 수 있겠나? 다음 주에 미팅하기로 한 업체에서 갑자기 일정을 내일로 변경했으면 한다고 해서 말이야…."

그동안 잘 유지했던 근력 운동 습관을 한순간에 붕괴시켜 버릴지도 모를 강한 파괴력을 지닌 야근이 발생하고 만 것이다.

야근을 마치고 밤늦게 집으로 돌아왔을 때 다카하시는 이미 기진맥진해 있었다.

도저히 평소처럼 스쾃을 할 수 있는 상태가 아니었다.

하지만 그런 다카하시의 뇌리에 불현듯 박사의 말이 스치고 지나갔다.

'원칙 3 예외를 두지 말 것'.

'소소하게나마 그날 다른 무언가를 하면 되네. 그러면 그것이 이제껏 쌓아 온 노력이 끊기지 않게 해주지.'

'그래, 그동안 해온 게 있는데 여기서 포기하기는 아깝지.'

그런 생각이 든 다카하시는 스쾃을 열 번만 해보기로 했다.

스쾃 열 번을 하는 데 걸린 시간은 17초였다.

"이걸로 과연 괜찮을까…."

스쾃 열 번은 너무 적은 것 같아 어쩐지 불안했지만 방 한쪽 구석에 세워 둔 나카야마킨니쿤의 등신대 패널이 '그래도 돼!'라고 말해 주는 듯해서… 아니, 억지로라도 그렇게 믿고 싶어서 중얼거렸다.

"그래, 괜찮아."

그리고 그다음 날.

집에 돌아온 다카하시는 마치 아무 일도 없었다는 듯이 여느 때처럼 스쾃을 했다. 정작 본인은 크게 의식하지 못했지만 이는 기념할 만한 쾌거였다.

늘 포기에만 익숙했던 다카하시가 태어나서 처음으로 '예외'라는 위기를 극복해 낸 것이다.

예전 같았으면 '야근을 했으니 어쩔 수 없지'라며 아무것도 하지 않다가 그날을 기점으로 근력 운동에서 마음이 완전히 떠나 버려 중간에 포기했을 것이다.

하지만 이번에는 달랐다.

17초간 한 스쾃이 '바쁘더라도 근력 운동을 계속한다'라는 자세를 행동으로 드러내 근력 운동을 계속하고자 하는 의지가 꺾이지 않게 한 것이다.

다카하시는 그 후로 스트레칭도 병행하는 등 더·적극적으로 운동에 나섰고, 운동 강도와 시간을 조절해 나갔다.

원래 운동 부족으로 구부정했던 그의 몸은 한 달이 지나자 자세가 바르게 변하기 시작했다. 직장 동료들로부터도 "요즘 자세가 좋아졌어."라는 칭찬을 들어 다카하시는 "하하, 그런가요?"라며 몹시 만족스러워했다.

두 번의 실패 그리고 수정

하지만 그런 다카하시조차 모든 일이 순조롭기만 했던 것은 아니다. 의욕이 앞선 만큼 예상치 못한 변수가 따랐다.

습관의 3원칙을 배운 뒤에도 습관화에 실패할 뻔했고, 다시 예전으로 돌아갈 뻔한 아슬아슬한 고비도 있었다.

'집에 돌아오자마자 5분간 영어 공부하기.'

다카하시는 이 목표를 2주일도 채 지속하지 못했다.

심지어 단기간에 두 번이나 포기하자 다카하시는 자신감을 잃고 말았다.

"습관화를 할 수 있게 되었다고 생각했는데…."

영어는 자신과 맞지 않는다는 생각이 깊어진 그는 자꾸만 생각이 부정적인 방향으로 흐르자 한동안 영어에 대해 생각하지 않으며 하루하루를 보냈다.

그러나 여전히 그의 마음 한구석에는 영어에 대한 동경심이 남아 있었다.

도저히 깔끔하게 포기할 수가 없었다.

반년 정도 지나자 그는 '마지막으로 딱 한 번만 더 해보자'라며 영어에 다시 도전해 보기로 마음먹었다.

"그러고 보니 지난번에 '집에 돌아온 후'로 타이밍을 정했을 때는 몸이 피곤해서 도저히 공부할 기운이 나지 않았지. 어쩌면 내가 원칙 2(움직일 수 있을 때 떠올린다)를 지키지 않은 것일지도 몰라."

그렇게 반성한 다카하시는 목표를 수정해 보았다.

'아침 출근길에 영어 회화 라디오 듣기.'

다음 날부터 곧바로 실천해 본 다카하시는 이른 아침으로 타이밍을 바꿔서 그런지 아니면 책상 앞에 앉지 않아도 되어 부담이 덜해져서 그런지 예전보다 자연스레 행동할 수 있게 되었다는 사실을 깨달았다.

그때부터는 이제껏 자신이 느낀 좌절감이 무엇이었나 싶을 만큼 매우 순조롭게 학습을 지속할 수 있었다.

이러한 일련의 경험을 통해 다카하시는 다음과 같은 교훈을 얻었다.

다카하시가 얻은 교훈

· 원칙을 배워도 100퍼센트 성공하는 것은 아니다.

· 하지만 원칙을 바탕으로 실천 전략을 수정해 나가면 성공률이 올라 가는 듯하다.

· 그런 식으로 시행착오를 거치다 보면 '어느 날 갑자기 잘 풀릴' 때가 있다.

외면해 온 꿈과 마주하다

몇 번의 좌절을 극복하며 자신감을 회복한 다카하시는 예전부터 자신이 외면해 온 점에 대해 생각하기 시작했다.

'내가 좋아하는 일을 직업으로 삼는 것.'

다카하시는 이제껏 그런 경우를 다 셀 수 없을 만큼 많이 보거나 들었다.

그리고 다카하시에게는 '좋아할지도 모르는 일'이 있었다.

다카하시는 어린 시절 공책에 낙서하기를 좋아했다.

담임선생님에게 제출해야 하는 생활일지에도 늘 문장이 아니라 한 칸짜리 만화를 그렸다.

선생님이 만화를 보시고 감상을 적어 돌려주시는 게 좋아서 매일같이 무언가를 그렸다.

담임 선생님도 자신이 오늘은 어떤 만화를 그려올지 기대해 주셨다.

그러나 성인인 된 후로 다카하시는 어째서인지 그림을 그릴 수가 없었다.

"매일 그림을 그려 SNS에 올리자."

그런 식으로 의욕을 냈던 적이 한두 번이 아니다.

하지만 늘 중간에 포기하고 말았다.

바쁜 현실에 쫓기느라 의욕이 점차 사라져 나중에는 펜을 잡기가 싫어지고, 그러다 어느 날 완전히 그만둬 버리는 것이었다.

그렇게 포기해 버린 경험 하나하나가 다카하시에게 알게 모르게 상처로 남아 마음 한구석에 켜켜이 쌓여 갔다.

그러다 언제부터인가 이런 생각을 하게 되었다.

'이런 걸 보면 사실은 내가 그림을 그렇게까지 좋아하지 않는 게 아닐까?'

생각해 보니 언제부터인가 다카하시는 마치 영어 공부를 포기했을 때처럼 '그 일에 대해 더는 생각하지 말자'라며 그림과 거리를 두고 있었다.

"하지만 습관화를 공부한 지금은 예전과 다를지도 몰라."

자신을 돌아본 다카하시는 그림에 다시 도전해 보기로 마음먹었다.

이번에는 절대로 포기하지 않겠다는 생각으로 다카하시는 지나치게 신중하다 싶을 만큼 목표를 크게 낮추었다.

'매일 공책을 펼치고 펜을 잡기.'

이건 매우 좋은 판단이었다.

언제든지 큰 거부감 없이 행동할 수 있었을 뿐 아니라, 일단 펜을 잡은 상태에서 전날 자신이 낙서한 페이지를 보면 자연스레 '무언가를 그리고 싶은 마음'이 생겼다.

그 결과 다카하시는 꾸준히 그림을 그리게 되었다.

하루하루 작은 낙서가 쌓이고, 어느덧 한 페이지가 두 페이지가 되었다. 처음엔 서툰 선이었지만 점점 자연스러워졌고, 그림을 그리는 시간도 조금씩 길어졌다.

"어, 다 썼네."

정신을 차리고 보니 어느새 공책 한 권이 그림으로 가득 차 있었다.

공책을 가득 채운 그림은 다카하시가 어린 시절에 그린 '다카하시러캔스(다카하시+실러캔스)' 등 대부분 자신만이 알아볼 수 있는 시시한 낙서들이었다.

도저히 다른 사람에게 평가받을 만한 그림이 아니었다.

하지만 그런 낙서로 가득 찬 공책을 한 장 한 장 넘기면서 다카하시는 큰 충족감을 느꼈다.

그렇게 남몰래 낙서를 계속하다 보니 다카하시는 다시 예전처럼 '그림을 그리는 게 즐겁다'는 생각을 자연스레 하게 되었다.

습관이 만든 예상치 못한 기회

이제 다카하시는 회사에서도 쉬는 시간마다 낙서를 끼적이게 되었다.

그의 낙서는 간단한 만화의 형태로 발전했다.

그러던 어느 날, 직장 선배가 그의 그림을 우연히 본 것을 계기로 다카하시의 만화는 회사 내 일부 사람들 사이에서 조용히 화제가 되었다.

그렇게 다카하시가 다시 그림을 그리기 시작한 지 1년쯤 지났을 무렵이었다.

다카하시가 속한 영업부 부장은 이런 생각을 했다.

'우리도 영업 자료를 만화로 만들면 어떨까?'

어디선가 '영업 자료를 만화로 만들었더니 사람들이 심심할 때 읽게 되어 영업 실적이 급상승했다'라는 이야기를 듣자 자사에도 도입해 보고 싶어진 것이다.

그러나 만화 자료 제작회사에 문의해 본 결과 예산을 초과한다는 결론이 나왔다.

부장은 고민에 빠졌다.

그러던 중 앞서 말한 다카하시의 선배가 우연히 부장과 이야기를 나누다 다카하시의 그림에 대해 귀띔했다.

"그럼 다카하시에게 맡기면 되지 않을까요? 그 친구가 만화를 그리거든요."

그 말을 들은 부장은 깜짝 놀랐다.

"뭐, 정말인가?"

한번 결정한 일은 곧바로 실행에 옮기는 부장은 당장 다카하시를 불렀다.

"다카하시 군, 오직 자네만이 할 수 있는 일이 있네."

부장은 다카하시에게 이렇게 말했다.

"업무 시간에 짬짬이 만화를 그려 주었으면 하네."

"네? 정말 그래도 돼요?"

다카하시는 그 말에 크게 기뻐했다.

그리하여 다카하시는 생각지도 못하게 소소하게나마 '일로 그림을 그리게' 되었다.

변화를 완성하는 마지막 이야기

"…그런 일이 최근에 있었어요. 뭐 잠시 맡은 일이기는 하지만 설마 제가 '일로 그림을 그리는' 날이 오게 될 줄 몰라서 정말 기뻤어요."

그렇게 다카하시는 지난 3년간의 이야기를 마쳤다.

"그것참 대단하구먼! 솔직히 나도 자네가 이렇게까지 잘할 줄은 몰랐네."

박사는 매우 흡족한 표정을 지었다.

"이게 다 박사님께서 가르쳐 주신 덕분입니다."

"그런가? 이거 내가 강의를 한 보람이 있어."

그렇게 훈훈하게 이야기가 마무리되나 싶던 그때, 박사가

“아!” 하고 작게 외쳤다.

“강의 이야기가 나와서 말인데, 내가 예전에 자네에게 깜박하고 하지 못한 말이 있다네. 뭐… 이제 들을 필요가 없어 보이기는 하네만.”

“어, 그게 뭔가요?”

박사의 말에 다카하시는 갑자기 궁금해졌다.

“실은 가장 먼저 해야 하는 이야기였는데, 뭐 상관없겠지. 그럼, 마지막 강의를 해볼까?”

“아, 네. 부탁드립니다.”

박사는 자세를 바로 하더니 말했다.

“지금부터 내가 할 말은 이상과 현실에 관한 이야기라네.”

이상은 왜 현실이 되지 않을까

박사는 천천히 입을 열었다.

“우리는 살면서 ‘이러면 좋을 텐데’라는 다양한 이상을 그리게 된다네. ‘구부정한 자세가 펴졌으면’ 같은 소소한 바람부터 ‘좋아하는 일을 직업으로 삼을 수 있다면’ 같은 인생의 꿈까지 실로 다양하지.”

“그렇지요.”

“그러한 이상에 다가가려면 똑같은 행동을 꾸준히 반복해야 하지. 스트레칭이나 근력 운동을 매일 한다거나 틈날 때마다 그림을 그린다든가 하는 식으로 말이야.”

다카하시는 고개를 끄덕이며 박사의 말에 귀를 기울였다.

“하지만 사람은 내버려두면 편한 길로 가려는 습성이 있다 보니 그렇게 행동하기가 여간 쉽지 않다네. 그러니 이상에 다가가지 못하는 거야. 이럴 때 사람은 정체감을 느끼지.”

다카하시는 그게 어떤 기분인지 잘 알고 있었다.

머릿속에는 자신이 꿈꾸는 이상이 있지만, 아무리 시간이 흘러도 눈앞의 현실은 이상에 전혀 다가가지 못하는 느낌.

예전의 자신은 그러한 정체감으로 하루하루가 불안했고 자꾸만 부정적인 사고에 휩싸였다.

박사의 말은 이어졌다.

“그래서 우리는 행동을 지속하고 싶어 하지. 소소한 일이어도 괜찮아. 다른 사람과 비교할 필요도 없어. 중요한 건 이상에 도달하는 게 아닐세. 우리에게 필요한 건 아주 조금씩이나마 자신이 결정한 방향으로 나아가고 있다는 사실을 실감하는 거지.”

“하지만 편한 방향으로 휩쓸려가지 않고, 무언가를 꾸준히 한다는 건 꽤 어렵지요.”

얼마 전까지만 해도 몇 번이나 편한 방향으로 휩쓸려가 버렸던 다카하시가 말했다.

“그렇지. 그래서 우리에게는 구체적인 기술이 필요하다네. ‘절대로 포기하지 않을 거야’ 같은 의지가 아니라, 바쁘게 살아가는 나약한 인간이 어떻게든 행동을 지속하기 위한 구체적인 기술 말일세.”

다카하시는 비로소 박사가 무슨 말을 하려는지 이해했다.

그리고 그의 말에 동의했다.

“확실히 그렇지요.”

그러나 박사가 미리 말한 것처럼 지금의 다카하시에게는 이 말이 필요 없었다.

그는 이미 그러한 구체적인 기술을 익힌 상태였으니까.

평범한 하루를 바꾸는 힘

이 책을 마지막까지 읽어 준 분들께 감사를 전한다. 습관화 애플리케이션을 운영하면서 '현대인들이 얼마나 바쁘게 살고 있는지' 뼈저리게 느꼈기에 더 감사한 마음이다.

마지막으로 한 가지 덧붙일 말이 있다. 이 책의 캐릭터나 줄거리는 기본적으로 허구지만, 사실 '덧붙이는 이야기'에 나온 다카하시의 지난 3년간의 일화는 실화를 바탕으로 했다. 실제로 습관화 애플리케이션을 이용해 습관화의 3원칙을 꾸준히 실천한 사례를 바탕으로 하나의 이야기를 완성했다.(실제로는 만화로 상을 받아 만화가로 데뷔했다는 글까지 있었다.)

그리고 이야기는 어디까지나 이 책을 읽어 준 분들이 현실에서 도달할 수 있는 수준의 해피엔딩으로 마무리하고 싶었다. 하지만 습관의 진짜 가치는 이런 극적인 순간보다 훨씬 소박한 곳에 있다.

습관이 때때로 우리 삶에 이런 해피엔딩 같은 사건을 선사하기도 하지만, 사실 우리가 습관의 힘을 더 자주 실감하는 것은 평범한 일상에서다. 좋은 습관은 특별하지 않은 일상에 성취감과 충족감을 주면서 '어쩐지 요즘 하루하루가 즐거운데'라고 생각할 수 있도록 우리를 끊임없이 격려해 준다.

'다른 사람과 비교할 필요도 없어. 중요한 건 이상에 도달하는 게 아닐세. 우리에게 필요한 건 아주 조금씩이나마 자신이 결정한 방향으로 나아가고 있다는 사실을 실감하는 거지.'

박사도 위와 같은 말을 통해 나와 비슷한 생각을 전한다.

여러분이 이처럼 조금씩이나마 자신이 정한 방향으로 나아가고 있다는 사실을 실감하는 데 이 책이 조금이라도 도움이 된다면 더할 나위 없이 기쁠 것이다.

그리고 앞으로 몇 년이 지나더라도 여전히 좋은 습관을 꾸준히 유지하다가 문득 '그때 그 책을 읽기를 잘했어'라고 생각할 수 있는 날이 오기를 진심으로 기원한다.

자신에게 필요한 실천 전략을 적어 보라

원칙 1

원칙 2

원칙 3

'습관의 3원칙' 정리

원칙 1

목표를 크게 낮춘다.

실천 전략 1   목표는 5분 이내로!

원칙 2

움직일 수 있을 때 떠올린다.

실천 전략 1   편하게 움직일 수 있는 타이밍을 파악한다.

실천 전략 2   잊지 못할 환경을 만든다.

방법 A   시간으로 떠올리기 with 리마인더

방법 B   장소로 떠올리기 with 물건

원칙 3

예외를 두지 않는다.

실천 전략 1   대신 무언가를 한다.

실천 전략 2   '일수 리셋' 규칙